INSTINTO

INSTINTO

T. D. Jakes

FaithWords
Hachette Book Group
237 Park Avenue
New York, NY 10017
www.faithwords.com

Impreso en los Estados Unidos de América

RRD-C

Primera edición: Mayo 2014
10 9 8 7 6 5 4 3 2

FaithWords es una división de Hachette Book Group, Inc.
El nombre y el logotipo de FaithWords es una marca registrada
de Hachette Book Group, Inc.

El Hachette Speakers Bureau ofrece una amplia gama de
autores para eventos y charlas. Para más información, vaya a
www.hachettespeakersbureau.com o llame al (866) 376-6591.

International Standard Book Number: 978-1-4555-5400-3

Me gustaría dedicar INSTINTO al personal y equipo de TDJ Enterprise que me permitió aprender a conducir mientras los guiaba. A la familia de The Potter's House, cuya hambre de conocer me llevó a cavar más profundamente en la vida. A mis muchos amigos que me desafiaron, me inspiraron, oraron por mí y me animaron a lo largo del camino. Siempre he tratado de que estuvieran seguros de que sabía quiénes eran ustedes y de su valor para mí.

A mi amada esposa Serita y mis cinco dotados hijos Jamar, Jermaine, Cora, Sarah y Dexter. A mis hermanos Ernest y Jacqueline. Todos ustedes son mi familia, ¡los quiero muchísimo! He aprendido mucho de todos ustedes, sobre la vida y el amor y lo que más importa. ¡Estoy seguro de que yo no podría haber sobrevivido sin que ustedes me dieran una razón para seguir creciendo! Gracias por haberme dado el don de tenerlos en mi vida!

Contenido

Contenido

CAPÍTULO 1

✦

El instinto tiene un ritmo

Nuestros instintos son el mapa del tesoro que lleva a la satisfacción de nuestra alma. Seguir nuestros instintos puede marcar una diferencia crucial entre aquello en que lo somos buenos—nuestra vocación o habilidades—y aquello para lo cual somos buenos—el cumplimiento de nuestro propósito potencial. Cuando usted está verdaderamente comprometido con el llamado para su vida, ya sea en una boutique, la sala de banquetes o la sala de juntas, confía en algo que no puede ser enseñado.

Estoy convencido de que nuestros instintos pueden proveer la combinación que necesitamos para alinear nuestras variables únicas con nuestro llamado y liberar el tesoro que hay adentro de nosotros. Cuando se le presta atención a los instintos, se aprovechan y se pulen, pueden brindar la clave que abra la puerta a una vida más productiva, satisfactoria y alegre.

Las personas que prosperan por su instinto son reconocidas. Los diseñadores de moda que hacen lo que hacen más allá del entrenamiento que hayan recibido, con un talento para detectar las últimas tendencias que les es inherente e instintivo. Los decoradores de interiores y quienes trabajan en artes gráficas pueden ejercitar también este talento, pero no son los únicos. Los atletas que están en la "zona" o los inversionistas con un agudo sentido de la oportunidad, actores que tienen valor para presentarse a audiciones por un rol que va más allá de las expectativas de sus fanáticos. Todos ellos saben lo que significa funcionar de acuerdo con su propia brújula interna y única.

Si usted alguna vez ha tenido el privilegio de trabajar con alguien así, entonces sabe cómo puede tomar lo mundano y hacerlo mágico. Pueden tomar el equipo más simple y producir los resultados más maravillosos. A menudo aprovechan al máximo su entrenamiento gracias a su estilo único. Sin importar cómo lo llame, los verdaderamente talentosos simplemente tienen algo extra que aparentemente otros no tienen o no aprovechan como deberían.

Lamentablemente, mucho de lo que veo hoy en día no tiene que ver con desarrollar el verdadero potencial de cada quien, sino con tratar de cumplir lo que otros esperan. Demasiadas personas quieren tener la apariencia de ganadoras en lugar del entrenamiento y el arduo trabajo que crea a un verdadero campeón. Confunden el premio con el arte de ganar y terminarán comprando un trofeo sin haber corrido una carrera jamás. No toman la clase, compran el diploma. No tienen éxito, solo tienen los accesorios. No se sienten obligados a lograr algo; solo se esfuerzan por aparecer muy ocupados ante quienes los rodean.

La ironía es lo que estas personas no llegan a entender. Cuando usted vive por instinto, naturalmente realzará todo y a todos los que lo rodeen. En otras palabras, ¡el éxito llegará naturalmente! Cuando su intelecto y sus instintos se alinean, el fruto de su trabajo le traerá una satisfacción sin medida.

Eso demandará un arduo trabajo y dedicación de su parte, pero la satisfacción interna alimentará su deseo de lograr sueños todavía más grandes. Basados en el hecho de que todos somos personas inherentemente creativas, si estuviéramos en contacto con nuestros instintos aumentaríamos naturalmente nuestros esfuerzos. Si usted no se obsesiona con ganar el premio o parecer exitoso, y en lugar de ello lucha por su pasión, descubrirá la satisfacción que trae vivir por instinto.

Sienta el ritmo

Considere esto: Los científicos nos dicen que hasta nuestras células tienen instintos. Imagine mi asombro cuando hablé con médicos que me explicaron las formas en que funcionan nuestras células. Dicen que funcionan de acuerdo con lo que ha sido programado genéticamente en su interior. El instinto está entretejido en la fibra misma de nuestro ADN.

Todos comenzamos como una simple célula, el producto de un óvulo y un espermatozoide. Ellos se unen para formar un cigoto, el resultado del óvulo fecundado, esa simple célula que evolucionará desde un *modelo* humano hasta convertirse en un *ser* humano. Esta nueva célula sufre una serie de divisiones rápidas que producen un blastocito, la formación inicial de las células. El blastocito se multiplica en muchas células. Un experto describe estas células como "pluripotenciales". En otras palabras, cada una de estas células tiene el potencial de diferenciarse en nuevas células de muchas variedades diferentes. Algunas "células hijas" se transforman instintivamente en células epiteliales, células óseas, células del bazo, células cardíacas o cerebrales. La huella inherente a estas células las activa para que lleguen a ser lo que estaban predestinadas a ser.

Este sentido inherente de identidad basado en su función es verdaderamente increíble. Los doctores explican que las células cardíacas son "autorrítmicas". Vibran y llevan juntas instintivamente un compás al mismo ritmo —¡*antes* de unirse con las otras y de funcionar como corazón! Hasta los bateristas de una orquesta necesitan un conductor para llevar el ritmo, pero estas células instintivamente asumen el mismo compás y tienen el mismo ritmo. Se juntan y pulsan el mismo ritmo.

Aprender sobre estas "células instintivas" me hizo pensar en la vieja canción de campamentos tomada del libro de Ezequiel, del Antiguo Testamento—esa del hueso del pie conectado al hueso de la pierna y el hueso de la pierna conectado con el hueso de la cadera, y así sucesivamente—. Yo no soy doctor, y seguro de que no estoy aquí para sentarme alrededor de una fogata. Pero lo que quiero que vea es que el cuerpo se desarrolla con células que encuentran su lugar preciso ¡porque saben para qué fueron creadas! Estas células vibran al compás de su propósito aún desde antes de estar operando y cumpliendo su función.

Así que, ¿qué sucede con usted? ¿Está en sintonía con su sabiduría interior sobre sus fortalezas, capacidades, talentos y contribución única al mundo? ¿O su vida de alguna manera se aparta de su melodía interior? ¿Ha perdido su ritmo porque no ha encontrado su lugar para definir y activar esa contribución única? Una de las grandes tragedias de la vida es no descubrir a las personas, cultura y carreras que son parte de su tribu y que se mueven al mismo compás.

Usted puede haber experimentado la disonancia que ocurre cuando quienes están a su alrededor se mueven al ritmo de un tambor diferente al suyo. Los negocios exitosos, las relaciones sanas y la mayoría de los esfuerzos de colaboración requieren un alineamiento sincopado de roles, responsabilidades y ritmos. Los empresarios frecuentemente necesitan empleados que tengan una ética de trabajo y una flexibilidad similares a las de ellos. Resulta frustrante cuando usted tiene una idea urgente que debe ser ejecutada a medianoche y hay un miembro del equipo que no puede ser contactado hasta el día siguiente. No está mal poner líneas divisorias y límites al trabajo, pero la gente necesita estar en la misma página de la partitura para que la orquesta pueda tocar toda junta. De la misma forma, las parejas suelen darse cuenta de que están desfasadas porque uno quiere bailar un vals mientras el otro lleva un tango.

La satisfacción llega cuando usted encuentra las personas, los lugares y las situaciones de vida que fue creado para impactar. La mayoría de las personas que tienen vidas ricas y productivas es porque permiten que sus instintos los guíen a la intersección de su mente con su corazón, el lugar en donde sus pasiones más profundas y sus habilidades más agudas se alinean con el destino. Tiene éxito instintivamente porque cada uno conoce su propio ritmo y también lo reconoce en las personas e instituciones con quienes colabora.

Conéctese con su llamado

Si alguna vez usted se sintió desalineado, este libro es para usted. Si ha perdido su ritmo, su pasión, o la emoción de vivir alineado que alguna vez vislumbró, entonces siga leyendo. Así como hizo con las propias células que componen nuestros cuerpos y los huesos secos que se unen entre sí para nueva vida, Dios nos ha dado instintos más profundos para que seamos atraídos a aquellas cosas que se ajustan a un mayor y mejor propósito.

Nunca se conforme con menos que lo mejor que Dios tiene para su vida.

Algunas personas tienen el valor de ir más allá de lo común, de lo metódico mediocre a la convicción revolucionaria de a dónde pertenecen. Usted puede tener este sentido de pertenencia solo cuando se conecta con su llamado. Si usted cree, como yo, en el llamado, entenderá que es más que la motivación para ministrar que el clero experimenta. El llamado a la creatividad, a enseñar, a dar, a construir, todos forman parte de permitir que su instinto lo guíe a "algo más" que usted sospecha que hay allí.

¿Quién puede negar que algunas personas se dirigen hacia el propósito de sus vidas con la habilidad de un niño prodigio cuando toca por primera vez un violín? Son conscientes de una imperiosa sensación de atracción y compromiso que no puede meramente ser enseñada, sino que tiene que ser captada. He conocido músicos que tocan el piano desde su infancia, muchos sin haber tomado lecciones. Solo se sientan en el teclado y se conectan con él.

Es muy triste vivir sin un sentido fuertemente arraigado de conexión con su propósito. Como una bombilla sin lámpara, esta clase de desconexión fomenta sentimientos oscuros y aprensivos en el alma. No importa si usted es gerente, empleado, ama de casa o constructor, lo que importa es que haya sido despertado a su propósito e iluminado a la satisfacción interior que ello brinda.

Cuando era joven me rondaban sentimientos de que

había sido creado para más de lo que podía acceder en mi entorno. La única razón por la que fui más allá de los muchos baches y paradas técnicas que encontré fue a causa de una instintiva fascinación que tiraba de mí hacia arriba y adelante, hacia el camino que debía hallar. Me negué a detenerme y a conformarme con menos que la explosiva exploración de lo que Dios había colocado dentro de mí.

No hay ninguna fórmula secreta para aprender a escuchar sus instintos. Estas páginas que están ante usted solo le ofrecen mis chispas para que encienda el fuego de su propio incandescente e instintivo alineamiento, la más profunda y completa vida que usted fue creado para alcanzar. Así que mientras recorremos juntos este camino, quitemos el humo y los espejos y preguntemos al corazón de nuestro verdadero ser. Si buscamos el sentido de nuestras motivaciones, quizás la respuesta no sea la voz de Dios gritándonos desde el cielo sino el susurro de los instintos dados por Dios desde nuestro interior.

Usted ve, las Escrituras nos dicen que del corazón mana la vida (Proverbios 4:23). El corazón no puede leer. No puede escribir y seguro que no puede conducir. Pero si escuchamos el son de su tambor, si tenemos el coraje de dejarnos atraer por su sabiduría, encontraremos nuestra respuesta. Podríamos pasar el resto de nuestras vidas en un ritmo tan sincronizado que los sonidos melodiosos que hagamos transformen todas las áreas de nuestras vidas y las integren en una armoniosa sinfonía de satisfacción.

A medida que crecemos y avanzamos, nuestro maestro Creador puede ir atrayéndolo a usted instintivamente hacia un lugar en el que su intelecto florezca y su corazón pueda descansar. Si las células se mueven hasta que se conectan y forman los complicadísimos y eficientes seres que llamamos humanos, entonces quizás debamos colocar nuestro oído en el corazón del asunto y captar el ritmo. Quizás necesitemos dejar de elegir gente por su currículo y por decisiones que nos han llevado de cabeza a la decepción. En lugar de ello, necesitamos encontrar gente que esté en sintonía con nuestro compás ¡y formar una unión más perfecta con quienes oyen el mismo ritmo! Es hora de que encontremos aquello que fuimos creados para hacer, las personas que estamos destinados a afectar, y el poder que viene de alinearse con ese propósito.

Al haber tenido oportunidades únicas de sentarme a la mesa con campeones de casi todo campo hoy imaginable, me he dado cuenta de que las personas que realizan hazañas inmensas no se manejan con reglas hechas por hombres. Son personas que marcan tendencias y cambian el juego. Conducen al mundo hacia cambios de paradigma que solo podemos estudiar después de haber hecho lo que ellos propusieron. Negocian tratos sin precedentes, construyen más allá de las fronteras, e innovan virtualmente en cada área con logros asombrosos.

Lo hacen porque no viven sus vidas según un guión preestablecido. No tienen miedo de dejar las jaulas de confort y encaminarse hacia las junglas del riesgo prudente y el descubrimiento. Estas personas a quienes el mundo presta atención se atreven a no encajar y no temen sobresalir. No corren en manadas ni se quedan en ella. Saben hacia dónde van y a dónde pertenecen.

No estoy sugiriendo que copiemos el guión de otro. La copia de baja calidad de la popularidad nunca lo llevará a la verdadera satisfacción. Lo que estoy diciendo es que quizás sea posible aprender de los osados que se comprometen a vivir instintivamente, escuchando más allá de la información y el ejemplo, la inspiración que encienda su propósito. Si usted ya está haciendo lo que fue creado para hacer, quiero ayudarlo a que mejore su éxito. Y si no, espero que los días de seguir a otros bateristas se disipen a medida que usted oiga el compás único, sincopado dentro de su ser.

Si escucha bien, eso lo guiará como un imán hacia el acero. Todo lo demás está equivocado. La mayoría de las personas son manipuladas por la aprobación de otros, por el cheque que los mantiene y el estilo de vida que los ha esposado a un anillo de bronce del supuesto éxito. En este camino finalmente vivirán esclavizados a un sistema hecho por el hombre. Perseguimos las metas de otros en lugar de buscar nuestros propios sueños. Anestesiamos nuestra desesperación con la siguiente compra, píldora o plagio. Hacemos lo que creemos que deberíamos hacer en vez de vivir más allá de lo que la lógica sola puede dictar.

Si estas palabras le resuenan y reverberan con lo que usted sabe que es verdadero, entonces este es el momento de decodificar sus propios instintos, intensificar sus áreas de avance e iluminar los rincones de su vida oscurecidos por la decepción. Realmente creo que seguir sus instintos transformará su lugar de trabajo, liberará su carácter y mejorará sus relaciones.

No se equivoque, estas páginas pueden ofrecerle claves para estimular su propio proceso de descubrimiento. Las respuestas que busca ya están dentro de usted. De modo que si está listo para destrabar los límites de donde usted está para descubrir la libertad de dónde se supone que esté, entonces comencemos. ¡*Su* instinto es *la clave*!

CAPÍTULO 2

✦

Instintos básicos

Es la forma en que la mamá pájaro construye su nido, y lo edifica a la altura suficiente para eludir a los depredadores. Es la forma en que las abejas saben cómo extraer el polen y llevarlo a su colmena. O la forma en que las ovejas, el ganado y otros animales suelen viajar en manadas para no ser tan vulnerables. Es la fuerza que una mamá osa experimenta al proteger a sus cachorros cuando se enfrenta a un asustado caminante en el bosque. El instinto biológico es la feroz determinación del majestuoso león de resguardar su territorio.

Estas criaturas no necesitan que se les enseñe cómo hacer estas cosas; ya nacieron con el instinto natural para comportarse de cierta manera. De hecho, muchos eruditos definen un instinto como una tendencia genéticamente integrada, un comportamiento integrado y automático, no aprendido ni condicionado. Generalmente se considera al instinto de supervivencia el más fuerte en la mayoría de las especies. Los instintos de criar, recoger, procrear, asegurar agua y alimento y defender, preservan la vida en maneras prácticas y muy tangibles.

En un nivel básico, compartimos muchos de los mismos instintos. Vemos el instinto en acción cuando un bebé trata de mamar para recibir alimento, o cuando un niño retrocede ante una sartén caliente. Es la sensación que tiene cuando un extraño camina detrás de usted cuando va hacia su casa, que le hace correr a una tienda o llamar un taxi. De la misma manera, nadie tuvo que enseñarle que debe esquivar los autobuses que se dirigen a toda velocidad contra usted mientras cruza la calle.

Estamos cableados para mantenernos con vida. Nuestros cuerpos naturalmente buscan alimento (comida y agua) y protección (como vivienda, vestimenta y armas) para sobrevivir. Probablemente haya oído sobre la respuesta de "lucha o huída", que es una reacción instintiva a cualquier peligro que se perciba. Muchos científicos creen que también el lenguaje es instintivo, o al menos el deseo de expresar nuestras respuestas tanto a un estímulo externo como a uno interno. Algunos investigadores creen que también somos seres instintivamente espirituales, cosa que, por supuesto a mí me gustaría confirmar.

Nuestros instintos evolucionan

Al crecer y madurar y convertirnos en hombres y mujeres, nuestros diversos instintos evolucionan y se vuelven más sofisticados y personalizados—pero también sucede así con nuestra dependencia del intelecto, la evidencia y la tecnología. Somos asaltados por tanta información todos los días que resulta sencillo perder el contacto con la voz que hay dentro de nosotros, ese imperioso sentido de conocimiento, la conciencia que tenemos en nuestro interior.

Además, a menudo somos condicionados a desechar nuestros instintos por ser primitivos y bestiales, subjetivos y no científicos. Se nos enseña a confiar en los hechos y las cifras, los datos y los dígitos, no en las corazonadas y los presentimientos. Algunas personas incluso podrían considerar confiar en el instinto de la misma manera que si se tratara de la superstición y la telepatía: alimento para la ciencia ficción y las películas de superhéroes.

A veces confiamos en nuestros instintos sin siquiera darnos cuenta. Nos fijamos en los detalles de cómo se ha vestido y arreglado alguien que solicita un trabajo y nos formamos una opinión precisa sobre su preparación. Quizás sentimos que es el momento correcto para tener una charla difícil pero necesaria con un miembro de nuestra familia y lo encontramos receptivo cuando nos acercamos. Podría ser una inexplicable atracción hacia un particular campo de estudio o un área de negocios.

Por ejemplo, usted no puede ayudar pero nota las arrugas en la ropa de otras personas, se pregunta sobre la tela: la caída que tiene, su forma, su color, cómo le queda. Quizás usted siempre haya estado fascinado por los números y le divierte ponerlos en orden y hacer columnas de balance. Sea que usted reconozca estas fugaces visiones de su instinto o no, están allí.

Por otro lado, nuestros instintos no son necesariamente precisos todo el tiempo. Esa corazonada que tuvo sobre el negocio de otra persona no era cierta. Su sentido de la oportunidad para la gran cita no dio en el blanco, después de todo. El sentido de temor por la reacción de un cliente hacia su trabajo en realidad no tenía ninguna base sólida. Su intuición sobre obtener un ascenso no fue acertada.

Así que ¿cómo toma usted conciencia de sus instintos únicos, naturalmente desarrollados? Y lo que quizás sea aún más importante, ¿cómo puede discernir cuándo confiar en sus instintos y cuándo basarse en la lógica, los hechos y la objetividad?

Obviamente, aquí es cuando nuestra relación con el instinto se complica.

Y de esto trata este libro.

Usted simplemente lo sabe

Nadie nace sin instintos. Es más probable que una persona nazca sin vista que sin instinto. De hecho, muchos de mis amigos ciegos dependen del instinto. Todos tenemos un sentido interno que va más allá de lo físico que puede determinar mejor lo que sucederá a continuación, qué es seguro o incluso qué es lo correcto. Nuestros instintos nos hablan a diario, nos impulsan a prestar atención, a escuchar con más atención, a hacernos a un lado ante el peligro y a aprovechar una oportunidad.

Algunos pueden estar más en sintonía con sus instintos. Y algunos pueden estar menos inclinados a escucharlos. Pero nosotros, como todas las criaturas de Dios, ya venimos completos con ellos adentro. Desde ese interior santo brota una sabiduría que ni siquiera sabemos que poseemos. Pero en un mundo que va a un ritmo acelerado, tendemos a no permitirnos un momento de quietud y reflexión que es necesario para soltarlo.

Piense en esto: Hay algunas cosas que usted simplemente *sabe*. Ni siquiera sabe cómo las sabe o por qué, solo las sabe. Ese conocimiento interno es instintivo. Es tan natural como la capacidad de sentir cuando ha encontrado la cosa que usted ha nacido para hacer. Lamentablemente, muchos de nosotros a menudo pasamos toda la vida haciendo lo que fuimos entrenados para hacer. Algunos hacen lo que se les pide. Y la mayoría de nosotros hacemos lo que otros necesitan que hagamos. Y mientras tanto, nos preguntamos por qué el sentimiento de realización nos elude.

Nuestro Creador diseñó todo lo que hizo para que tenga un propósito. Sin embargo, la mayoría de nosotros vivimos preguntándonos cuál es nuestro propósito. Lo que es peor aún, hay un dolor en nuestros corazones cuando sentimos que hay algo más en la vida, algo más allá de conformarnos con monótonas y convenientes oportunidades. Me encuentro con tanta gente que teme ir a trabajar, no porque sea haragana sino porque se siente insatisfecha.

Al no comprender la guía que nos proveen nuestros innatos instintos dados por Dios, simplemente nos ajustamos a la urgencia de las circunstancias, mientras tenemos la sensación de que fuimos creados para mucho más. Pero la incertidumbre o el miedo de luchar por ese sentir interno hacen que permanezcamos en la jaula artificial de lo habitual. Para decirlo de otra manera: nunca hemos aprendido a confiar en nuestros instintos.

Pero sin importar dónde estemos en la vida, nunca es demasiado tarde para alinearnos con esa sabiduría interior de quiénes somos realmente y para hacer qué fuimos creados. Dios, el maestro diseñador, nos ha equipado con un instinto fundamental que nos lleva hacia su propósito divino. Este sentido de un potencial que se realiza es más satisfactorio que cualquier sueldo. Es el sentimiento de encajar, como una pieza de un rompecabezas, para formar un cuadro más grande del que estamos siendo parte en este momento. Es la satisfacción innata que viene con los dones con que usted y solo usted puede contribuir al mundo.

Una vez que aceptamos este instinto de identidad, entendemos por qué estamos formados y diseñados así. Nos damos cuenta de por qué fuimos rechazados en otros lugares, por qué al crecer nos aburrimos de otros roles, y por qué una y otra vez estuvimos obsesionados por la posibilidad de que hubiera algún lugar, algún plan, algún diseño con el cual deberíamos estar alineados. Las personas profundamente espirituales oran para que esto les sea revelado. Otras personas andan sin rumbo por la falta de ello.

Pero las personas más satisfechas y confiadas viven en el medio mismo de ello. Estas personas han respondido la pregunta, han llegado a su punto óptimo, y han sido guiadas por un Dios cuyo diseño se revela en ellos. Cuando tenemos el valor de abandonar lo familiar y encaminarnos en el destino al que nuestros instintos nos atraen, podemos vivir de la misma manera.

No estoy escribiendo un libro para mostrarle cómo hacerse rico, porque conozco que mucha gente rica no ha identificado su propósito. No escribo para compartirle cómo hacerse famoso. Demasiadas personas famosas se sienten miserables. Escribo para compartir con usted la importancia de ser guiado hacia su propósito de realización abandonando los confines de su cueva convencional e ingresando en el espacio en el que su corazón anhela residir.

El lugar que usted descubrirá cuando su instinto sea su guía.

CAPÍTULO 3

✖◇✖

El instinto en acción

Los instintos son el producto de lo que tenemos y lo que quisiéramos tener. Son la brújula interna que nos guía, desde donde estamos hacia donde queremos ir. Quizás esto explique por qué los artistas, los inventores y los animadores están más en sintonía con sus instintos que los banqueros, los ingenieros y los contadores con los suyos. No es porque estas últimas profesiones no requieran el poder de necesitar estimular la innovación; es que estas áreas se basan simplemente en los hechos, en los números, las ecuaciones y los libros contables como sus componentes básicos.

Por otro lado, las carreras creativas necesitan que quienes participan de ellas produzcan algo nuevo a partir de materiales más maleables tales como palabras, imágenes y música. Esta clase de elasticidad de ingenio generalmente surge durante la infancia, y hace que una persona confíe en su instinto más que otras, no solo para sobrevivir, sino también para prosperar. Esta por cierto fue mi experiencia, la forma en que mis instintos fueron inicialmente activados.

Como era un muchacho relativamente pobre de las colinas de Virginia occidental, crecí con recursos muy precarios pero con una enorme ética laboral inculcada por mis padres. Vivíamos en una comunidad dormitorio en las afueras de Charleston, y su topografía, salpicada con majestuosos árboles y onduladas colinas, proveía uno de sus más prístinas características. Sin embargo, su opulencia natural no podía camuflar sus limitaciones económicas. De todos modos, fue la matriz en la que me desarrollé, y ahora puedo entender mejor por qué.

Mientras crecía, era un muchachito color chocolate con pantalones cortos y con rodillas engrasadas que caminaba bulliciosamente por el vecindario. Seguro que brillaría por toda la vaselina que utilizaba mi madre para humectarme la piel, pero como tenía muy pocos amigos y un nivel de energía hiperactivo, nadie lo notaba. Como consecuencia de ello, pasé mucho tiempo al aire libre, y debo confesar que como mi primer nombre es Thomas me convertí en algo así como Tom el "fisgón".

Sí, sé cómo suena eso, ¡pero no significa connotar uno que espía inapropiadamente algo, por lo cual finalmente podría ser arrestado! Me refiero a que aprendí a observar y a permitir que lo que veía se convirtiera en combustible para mi imaginación. Un *voyeur* de la vida y las personas, presencié eventos e ideologías que se convirtieron en catalizadores para muchas de mis conclusiones de adulto y un estímulo para la lógica con la cual ataco la vida.

Como ve, la investigación desde la observación puede ser bastante concluyente. Esto explica por qué los científicos tienen laboratorios y no solo bibliotecas. Es por ello que los abogados buscan testigos oculares en la escena de un crimen para que testifiquen en un juicio. Lo que vemos a menudo nos impacta. Pero cómo procesamos eso internamente es lo que influencia nuestros instintos.

Ahora me doy cuenta de que no todo el mundo viene de mi época ni de mi entorno. Pero cada vez que a usted se le niega el derecho a un privilegio y el acceso a alguna oportunidad, tendrá la tendencia a desarrollar cierta adaptación, sensibilidad e instinto por medio del cual compensará esa negación. Y el desarrollo de este instinto para el éxito es el catalizador de mi enfoque, mi investigación y ahora la redacción de este libro.

He ascendido lo suficiente en la vida como para asomarme a las mentes de algunas de las personas más exitosas del mundo: artistas galardonados, atletas de nivel mundial y líderes políticos que cambiaron el mundo. Como vengo de comienzos escasos y mediocres, soy absolutamente consciente de mi entorno cuando se me permite mirar realmente las vidas de los que habitualmente uno veía solo a la distancia, en blogs o noticias periodísticas.

Con los años, por mi negocio y por mi ministerio, he cenado con muchos de ellos y me han recibido en sus hogares. He mantenido conversaciones intensas que duraron hasta que cerró el restaurante y he observado sus familias y amigos, y escuchado las historias de cómo llegaron a ser quienes hoy son. He estado en el set de sus películas y he visitado el salón oval de su liderazgo, observándolo mientras hacen lo que hacen, descubriendo qué los formó en lo que son.

He visto sus instintos en acción.

Altamente evolucionados

Aprendí que las personas más exitosas no se desarrollaron en un ambiente de éxito; evolucionaron en él. Cuando la oscuridad precede algún nivel de logro, lo hace como cuando una madre da a luz a niño. Las primeras generaciones de gente exitosa a menudo se sorprenden al darse cuenta que darles a sus hijos todo lo que ellos soñaron proveerles, no necesariamente creó en estos las mismas habilidades y ambiciones que sus propios padres carentes de recursos les habían inculcado.

Mis padres, que nacieron en la década de 1920, crecieron en una era industrial cuya meta principal era conseguir un trabajo, obtener un reloj de oro y ganar una modesta pensión cuando se jubilaran. Mi madre era una firme defensora de la educación, y aconsejaba obtener un título en algo comercial para poder tener trabajo siempre, quizás como gerente, algo de lo que su generación se había enamorado. Con razón, ya que sus padres eran aparceros bien al Sur del país y se pasaron la vida recogiendo guisantes, aserrando madera y viviendo de la tierra.

Los ideales de mis padres eran buenos, y yo los apoyo totalmente. Pero ellos solo pudieron promovernos hasta los niveles a los cuales ellos mismos habían sido expuestos. Es por eso que usted no se imagina mi sorpresa cuando logré correr la cortina de los Steve Jobs del mundo, los Bill Gates del mundo, y de otros, solo para darme cuenta de que algunos de los líderes más influyentes de nuestro tiempo no tienen un título o no tienen un título en el área por la cual llegaron a ser más conocidos.

No hay ninguna duda de que estos hombres y mujeres son muy inteligentes. Y por esa inteligencia, no hay duda de que ellos podrían lograr algún módico éxito. Pero lo que más me impactó fue descubrir que en algún lugar del camino hacia el intelectualismo ellos o se desviaron basándose en una decisión instintiva o incorporaron una acción completamente instintiva que los elevó totalmente por encima de sus pares ¡y les permitió convertirse en los íconos de poder que son hoy! En otras palabras, estos exitosos íconos no solo tenían grandes instintos, sino que se enfocaron en ellos y actuaron en base a ellos.

Me di cuenta de que la mayoría de mis nuevos constituyentes descubrieron sus ideales, productos o pasiones que ahora han llegado a personificar (¡y muchos de ellos no tenían más de veinte años cuando llegaron a esto!) abriendo su propio camino. Estos hombres y mujeres escucharon la instigación que se producía en su interior y tuvieron las agallas para desbaratar los planes preparados dc antemano para sus vidas y tomar el sendero menos transitado por un impulso interno de ir más allá de lo que su entorno hubiese pronosticado.

Ellos escucharon cuando se los incitó hacia ese espacio nebuloso e indeterminado dentro del alma humana en el que habita su sistema de navegación—que virtualmente todos tenemos, aunque la mayoría de nosotros no lo use mucho. Esta brújula innata nos guía al responder las antiguas preguntas: ¿Por qué estoy aquí? ¿Qué puedo hacer con la vida, los dones, las oportunidades que me fueron asignadas?

Los instintos nos proveen información que ha sido sintetizada por medio del filtro de quiénes somos en realidad y nuestras verdaderas metas en la vida. Los hechos, los datos, la información y el conocimiento nutren y estimulan esta capacidad interior. Nuestros poderes de observación y de experiencia están guardados allí. Nuestra creatividad, flexibilidad e inventiva también responden a nuestros instintos. Fusionándolos, el instinto básico de cada uno de nosotros nos impulsa hacia la única realización que es solamente nuestra.

Además, por favor entienda que la clase de instinto del que estamos hablando aquí no es un impulso incontrolable ni un deseo de autocomplacencia arbitrario o compulsivo. El instinto en ocasiones puede parecerse a estos otros aspectos de nuestra humanidad, pero básicamente nuestros instintos incluyen un agudo sentido de la oportunidad junto con una conciencia de sí mismo y de los otros que trasciende los deseos egoístas y adictivos. En otras palabras, nuestros instintos no están motivados por la gratificación inmediata, la ganancia personal a expensas de la explotación o la búsqueda de satisfacción desligada de la conciencia.

Como fuimos hechos a imagen de nuestro Creador, estoy convencido de que nuestros instintos también portan la huella de lo divino. Como seres humanos, no solo poseemos el instinto de supervivencia, como cualquier otra criatura viviente, sino que también tenemos instinto de propósito, de realización y de dominio. Dios nos hizo para reflejar su creatividad, inventiva e imaginación. Él quiere que miremos más allá de lo literal, por encima de los resultados finales, y más allá de la superficie de las apariencias.

Todos tenemos acceso a la misma información y a las mismas oportunidades. Pero algunos nunca vamos más allá de lo que se requiere para añadir a la tarea lo que es inspirado En este mundo altamente competitivo en que vivimos, hacer tan solo lo imprescindible nunca produce resultados excepcionales. Estas personas excedieron lo que se esperaba de ellas y viraron en lo creativo hacia lo que no tenía punto de referencia previo.

Los pioneros se mueven por instinto, porque afuera no hay nada que sugiera que lo que ven en su interior es posible. Como un buen detective en una escena del crimen, buscan pistas pero sin ignorar las corazonadas sin fundamento que con frecuencia les han ayudado a resolver casos. Combinan sus instintos con la inteligencia para descubrir una nueva manera de ver lo que no se ve a simple vista.

La gente que puede combinar estas dos cosas es mucho más propensa a descollar que quienes solo actúan de acuerdo con sus descripciones de tareas y las prácticas aceptadas en el pasado. Ellos desentrañan tesoros desconocidos con creatividad instintiva; mejoran el trabajo de toda su vida al no limitarse a un guión ni a una estructura preestablecida en la mente de otras personas. Al mirar más de cerca por la ventana, me doy cuenta de que estas personas hicieron mucho más que destrozar por completo los techos de vidrio: ¡literalmente arrancaron el techo del statu quo!

De hecho hay una gran diferencia entre un trabajo y una carrera, un lugar de trabajo y una cita con el destino. Encontrar la cosa que usted fue creado para hacer puede ser una tarea confusa, realzada por el hecho de que generalmente no tenemos el tiempo suficiente como para hacer el examen de conciencia necesario para encontrar las claves escondidas que destraben todo nuestro potencial. En lugar de ello, llenamos una solicitud, ganamos una paga razonablemente buena, ¡y trabajamos para alguien que encontró la cosa que fue creado para hacer!

Ese impulso o móvil interior frecuentemente está en desuso, y como consecuencia de ello demasiada gente se siente atascada en cierta etapa aún cuando anhelaría ser más productiva. Más allá de seguir la dirección de sus instintos, como usted habrá hecho en algunas ocasiones, la pregunta sigue siendo: ¿Ha potenciado al máximo sus hallazgos, o solo ha acumulado datos y accedido a la rutina mundana de encajar en lo que ya estaba hecho?

Ventaja adicional

No todos fuimos creados para dirigir un país como presidente o para componer música clásica como Mozart. En lugar de ello, muchos de nosotros fuimos hechos para sostener a esas personas que alcanzan su máximo potencial y hacer realidad nuestros sueños con la tarea siempre gratificante de utilizar nuestros dones y talentos para apoyar a esa persona que está en el poder. Pero aún en esos roles, las personas que aprovechan sus oportunidades, avanzan y ascienden, ¡lo hacen porque perciben algo que va más allá, no tan solo lo común!

Ya sea que usted trabaje en un puesto de gobierno, un cubículo, la corte o en un rincón de su departamento, sus instintos conocen las verdades que pueden mejorar su rendimiento e incrementar su productividad. Hay una cosa que se necesita para sentirse realizado en la vida: Encontrar ese lugar en la vida, esa estación del ser, donde todo en su interior resuena con los desafíos que tenga ante usted. ¡Este es el punto en que la creatividad natural e innata se eleva en el horizonte de las posibilidades! ¡Es esa ventaja adicional que algunos utilizan y otros no!

Cualquier cosa que hagamos durante años que no coincida con esa huella interna de nuestros dones finalmente se convertirá en algo monótono, rutinario, ritualista y frustrante. Como una llave que coincide con una cerradura pero que aún no es adecuada para abrir la puerta, nos encontramos atascados en un rol que satisface las necesidades de quienes están a nuestro alrededor pero no destraba la puerta a una vida más grande o un trabajo más libre, o a nuestras ansias de lo más profundo del alma.

Si queremos encontrar alineamiento entre la carrera externa y el llamado interno, ¡debemos navegar por un laberinto de oportunidades pendientes que se ofrecen para sustentarnos y satisfacer las puertas abiertas en las áreas de necesidad que nos esperan! Es la visión de lo que está más allá de la rutina que aumenta la presión arterial y agita la adrenalina dentro de cada uno de nosotros.

Logramos una sensación de saciedad cuando nos levantamos de la cama sabiendo que a pesar de que el día que nos espera pueda ser exigente, no pedirá de nosotros algo que no podamos manejar. De hecho, con frecuencia el más desafiante trabajo, ministerio o matrimonio es lo que hace que nos arredremos y rezonguemos o que activemos el instinto creativo para encontrar un remedio o crear una solución.

Esta es la elección que enfrentamos cada día.

En una sesión de capacitación con mi equipo de trabajo, hace poco, les expliqué que a nivel gerencial yo necesito gente que me traiga soluciones innovadoras, no personas que logren acercarse a mi oficina solo para reiterar problemas. El liderazgo realmente bueno está orientado a la solución. Si bien es cierto que la proverbial responsabilidad termina en mí, me llegan muchos asuntos que deberían haberse resuelto antes de que me lleguen. Les expliqué con más detalle que si no estaban siendo parte de la solución, ¡estaban, por omisión, sumando al problema!

Los fuertes instintos llevan a grandes ascensos. Como los instintos para el liderazgo tienen el poder de influir en los ingresos, vale la pena que invierta algún tiempo cultivando esos instintos y poniéndolos en acción cuando tenga la libertad de hacerlo. Porque al final del día, lo único que importa en esta breve vacación que nos tomamos sobre la tierra es que no nos arredremos en un rincón y desperdiciemos el tiempo que nos fue dado haciendo lo que debemos en lugar de levantarnos y correr el riesgo de llegar a ser aquello para lo cual fuimos creados.

Para poder hacer esto, no debemos vivir en lo práctico ni lo pragmático, sino tener el coraje de ir hacia lo principal. La satisfacción de ser capaces de satisfacer las demandas de nuestras vidas se alcanza en parte cuando tenemos un agudo sentido de los instintos internos de que somos la persona correcta y estamos en el lugar correcto en el momento correcto para manejar la tarea. ¡Con frecuencia es la complejidad de nuestras vidas lo que nos hace creativos! Nuestros instintos pueden atravesar la maraña del caos y forjarnos un camino despejado para que sigamos —esto es, si los escuchamos y tenemos el coraje suficiente para seguirlos.

Pero, obviamente, resulta más fácil decir que hay que escucharlos y seguirlos que hacerlo.

El instinto que surge de la adversidad

Cuando yo era niño no había muchos aparatos que nos asistieran. Hasta nuestros juguetes tenían pocas funciones. Las niñas tenían que imaginar que el duro cuerpo de sus muñecas Matel estaba húmedo y necesitaba que se les cambiaran los pañales; nosotros, los niños, debíamos convertir manzanos en tanques de guerra con solo nuestra imaginación como guía. Jugábamos en el patio mientras nuestras madres se asomaban de vez en cuando por la ventana, y nos perfeccionamos bastante torneando palos en bates de béisbol y piedras en bolas de softball. Por nuestros propios recursos, las hormigas se transformaban en ejércitos y los copos de nieve en muñecos.

Estábamos obligados a ser lo suficientemente instintivos como para percibir el peligro cuando había cerca alguna serpiente ¡o para diferenciar a un amigo de un matón mientras regresábamos a casa de la escuela! No necesitábamos hacer en una computadora portátil una evaluación de caracteres de quienes eran nuestros amigos o buscar en Facebook los "Me gusta" en común. Por entonces no nos dábamos cuenta, pero esas circunstancias eran un gimnasio que entrenaba nuestros instintos. Mi patio se convirtió en una jungla. Los juguetes de nuestro pequeño parque de juegos tenían toda la emoción de una Disneylandia diseñada y creada por un niño que algunos hubieran dicho que tenía una imaginación hiperactiva.

Al recordar aquellos días, la necesidad por no tener lo

suficiente era lo que generaba la creatividad para ver lo invisible, pero así aprendí cómo jugar con lo que soñaba y no con lo que tenía. Hoy estoy muy agradecido por esa claridad de pensamiento y esa agilidad en la mente para despertar mi creatividad, aunque se haya originado en lo que hoy puede sonar como adversidad. La imaginación era un mecanismo de enfrentamiento a través del cual se nos permitió—no, se nos alentó—a ver un objeto inanimado no solo por lo que era sino por lo que podría ser. Esa capacidad de ver lo invisible fue un gran estímulo para mi razonamiento instintivo.

Instinto maternal

Al ser niños pobres, fuimos inspirados por la ausencia de lo obvio y aprovechamos la presencia de lo imaginario. Sigo agradecido hasta este día porque se me dio ese desierto en aquel patio trasero para enseñarme a soñar en lo que podría llegar a ser sin perderme en lo que sí es. Poco sabía en ese entonces, de pie en aquel arroyo, rodeado de conejos que correteaban y halcones que apenas se apoyaban en las ramas, ¡que jugando comenzaría un ciclo de innovación que un día daría a luz mi propio instinto creativo!

No es así como generalmente definimos el término *instinto maternal* pero creo que se aplica lo mismo aquí. Más tarde, siendo un joven pastor, utilicé este mismo instinto puro para entrar a un edificio en ruinas y ver más allá del hedor deplorable y las paredes ruinosas de su condición actual, y poder imaginar lo que podría ser si se remodelara, se cuidara y se mejorara. Mi instinto se convirtió en el impulso para una visión, para el poder para imaginar su pleno potencial, y para los pasos tácticos necesarios para crear un plan de desarrollo.

A medida que fui creciendo, ese mismo instinto que remodeló el edificio se convirtió en el ímpetu por medio del cual pude salvar una empresa, o mejorar un guión pobre y convertirlo en una película exitosa. Instinto e imaginación se convierten en los padres de nuestra visión creativa. Ellos permiten que uno vea oportunidades donde otros solo ven limitaciones. En lugar de concentrarse en lo que no se tiene, nos concentramos en lo que sí tenemos—y en lo que puede ser creado con esos ingredientes. *¡Las personas con grandes instintos siempre transforman lo que se les da en algo mayor!*

Los mejores pensadores, constructores, dibujantes, arquitectos, diseñadores, estilistas, predicadores y chefs son quienes caminan entre nosotros con un pie en la realidad y el otro plantado firmemente en el ámbito de lo potencial. Si, como ellos, usted ha sido bendecido para reconocer la brecha entre en lugar en el que está y el lugar donde quiere estar, entonces usted también sabe que para alcanzar una vida más exitosa y plena debe permitir que sus instintos se conviertan en su puente.

Nuestros instintos nos enseñan cómo hacer más con menos. Como un chef gourmet con una despensa limitada, combinamos varios sabores para crear algo novedoso y delicioso. Nuestros instintos suben la apuesta y nos impulsan hacia el siguiente nivel. Iluminan nuestro camino entre lo inhóspito de la realidad, las estadísticas y los estudios y nos guían desde lo mundano a lo mágico.

Los innovadores viven por sus instintos de romper barreras y resistir la autocomplacencia. Piense en alguien como Oprah Winfrey, cuyo modelo empresarial sin precedentes cambió la televisión diurna, no solo en términos de contenidos sino, y aún más importante, en términos de un modelo innovador de negocios. O Cathy Hughes, quien cambió para siempre el juego de la radio al desarrollar modelos que no solo construyeron un imperio de la comunicación sino que afectaron la forma en que la música R&B se comercializaría en nuestra comunidad. Pioneros instintivos como los hermanos Bronner o los creadores de los productos Dudley, que tuvieron la previsión de crear compañías de cuidado del cabello que revolucionaron la forma en que la gente de raza negra compra productos de belleza.

Cuando vemos estos individuos, no basta con limitarse a aplaudir su éxito. Debemos examinar su propensión creativa mediante la cual crearon algo único y luego comercializaron los frutos de su trabajo. En otras palabras, no alcanza con conocer lo que la gente hizo si usted no puede aprender por qué lo hizo como lo hizo. John Maxwell dice que quienes saben cómo hacer algo siempre tendrán trabajo. ¡Pero quienes entienden por qué lo hicieron siempre serán sus jefes!

El verdadero catalizador de los instintos creativos es mirar por la ventana de su propia alma y corazón. Otros podrán inspirarlo, pero en última instancia lo único que lo empodera es lo que yace adentro de usted y el aprender cómo utilizar de la mejor manera posible lo que le ha sido dado.

Aunque lo que se le ha dado parezca estar envuelto solo en problemas, estas barreras pueden llegar a ser avances importantísimos. Solo son bendiciones camufladas como cargas, el lecho de un arroyo del cual usted desarrollará un océano, viajes hacia el patio que con el tiempo abrirán su mente a safaris. Ya sea que esté luchando con un mal matrimonio, una carrera patética o un negocio que se desploma, no hay ninguna área en su vida que no pueda ser transformada con sus instintos si usted se dispone a mirar hacia adentro y ejercitarlos. Si usted va más allá de los hechos y los fracasos, y explora los sentimientos y los impulsos que tiene para mejorar lo que se le ha otorgado, encenderá una innovadora antorcha que iluminará sus pasos, despertará sus sueños y nutrirá sus aspiraciones.

¿No es hora de que active lo que le ha sido dado en su interior?

CAPÍTULO 4

¡El elefante está por allí!

Mi propio encuentro con el poder del instinto en acción que me cambió la vida sucedió recientemente, en un safari en Sudáfrica. Sí, el niño que creció jugando en el arroyo que había detrás de su casa ¡ahora sentía una viva emoción al encontrarse sacudiéndose en un jeep a campo traviesa! Realmente, jamás me hubiera imaginado que un acontecimiento como este safari podría convertirse en un suceso que transformaría mi vida, catapultándome al "momento ¡ajá!" que inspiró este libro. Yo no estaba allí para practicar caza mayor sino para tratar de entender mejor este nuevo mundo de leones rugientes, fervientes cebras y unas criaturas que, por alguna razón que desconozco, siempre me han fascinado: ¡los elefantes!

Control de tráfico aéreo

Un grupo de multimillonarios negros de Johannesburgo me había invitado a hablar sobre la fe y las finanzas y cómo se afectan entre sí. Estos hombres y mujeres estaban entre los primeros en haber alcanzado altos puestos en la economía después del Apartheid. Fue un intercambio de ideas muy provechoso. Habíamos terminado las sesiones, y a mi esposa y mí nos habían concedido un par de días para recuperarnos del *jet lag* luego de haber finalizado un agotador programa de varias sesiones de enseñanza. Mi anfitrión me explicó que tendríamos que tomar un pequeño aeroplano a hélice hacia una localidad más rural.

Nuestro hijo menor, Dexter, también viajaba con nosotros, y compartía mi entusiasmo por nuestra excursión, pero mi esposa no. Horas más tarde, cuando miré hacia abajo, al angosto terreno pavimentado que hacía las veces de pista, comprendí su inquietud. Miré por la ventana y no pude evitar darme cuenta de que no había ninguna torre de control, ni nada que siquiera pareciera una terminal.

El lugar no tenía ningún operador, ni siquiera una casa para que los invitados descansaran o esperaran. La desolada y pequeña pista utilizada para aterrizar y despegar también tenía otro ocupante: un inmenso rinoceronte se hallaba estacionado en medio de ella, y nos observaba con una expresión implacable. ¡Hablando de una torre de control!

Mientras girábamos encima de él, esperando que se corriera y nos diera lugar para aterrizar, mi esposa sugirió que regresáramos a la ciudad. No obstante, no había manera alguna de que a los hombres de nuestra casa se nos negara esta extraordinaria aventura de un safari. Así que pacientemente esperamos hasta que el rinoceronte se largó para aterrizar, y ser transportados hasta una hermosa mansión rodeada de espesos árboles y pequeña fauna silvestre.

Mientras desempacábamos nuestro equipaje de mano y nos acomodábamos, nuestro anfitrión nos advirtió que no camináramos fuera de la valla palaciega que rodeaba a la propiedad. Nos avisaron que aquello no era como una visita al zoológico en Dallas, donde los animales están enjaulados y las personas andan libres. En lugar de ello, nosotros estábamos encerrados dentro de la casa para que los elefantes y los rinocerontes tuvieran la libertad de explorar las llanuras sin restricciones. Mientras anticipaba la emocionante travesía que nos esperaba a la mañana siguiente, me sentía como Tarzán a punto de estallar con uno de sus famosos gritos.

A la mañana siguiente me levanté antes de que amaneciera y disfruté un delicioso desayuno de panqueques en la terraza antes de ponerme mi nuevo traje caqui de safari. Nos montamos en el jeep, mi hijo todavía somnoliento, pero entusiasmado con nuestro primer día en el monte. Luego conocí a nuestro guía. Era un distinguido caballero increíblemente culto, y lo escuché atentamente mientras disparaba invaluable información sobre el hábitat, los hábitos de alimentación y apareamiento, y tantas otras cosas relacionadas con los animales que habitaban en la jungla.

Honestamente, todo aquello se sentía un poco irreal. Teniendo en cuenta mi formación, me maravillaba ese momento "si mi madre pudiera verme ahora". Sin duda alguna, estábamos entrando a un mundo que no podía estar más lejos de donde yo había crecido. La jungla africana tenía reglas y reglamentos tácitos que el guía zoólogo compartía con nosotros mientras me adaptaba a este nuevo entorno tan ajeno a mi origen y a mis puntos de referencia previos. No había carteles indicadores, semáforos ni mapas de ruta, solo la voz de nuestro zoólogo guiándonos a lo largo del camino.

Vimos gacelas brincando en el aire como si fueran salpicaduras de grasa en una sartén de hierro cuando se fríe pescado. Saltaban y se lanzaban hacia delante con tanta velocidad que mi cámara palpitaba y casi me daba un paro cardíaco mientras sacaba fotos tan rápido como podía. Espiamos a los leones con sus cachorros, descansando en la sombra. Más tarde vimos cómo las cebras se movían como caballos pintados salidos de un carrusel. Tanta belleza, energía e instinto primario se hizo vívido ante nosotros, más vívido y asombroso de lo que cualquier IMAX, HD, o película en 3D pudiera intentar capturar.

A medida que el sol se cernía sobre el horizonte como una brasa escarlata, buscamos un lugar para acampar. Había sido un buen día, un día inolvidable. Mi única desilusión, que me guardé para mí mismo, fue que no habíamos visto ningún elefante. El poderoso paquidermo se nos escapó todo el día, y mientras el sol se derretía en el crepúsculo, supuse que habíamos perdido nuestra oportunidad. Pero entonces nuestro guía zoólogo mencionó al pasar que esperaba mostrarnos los elefantes esa noche.

¿Había oído bien? ¡Él planeaba andar por ahí a la noche! ¿Y que nosotros anduviéramos con él? Tragué con esfuerzo y me hice el valiente mientras nos sumergíamos en las profundas entrañas de un mundo completamente nuevo y ahora mucho más inquietante que se envolvía en las sombras. Ahora, por cierto que había un montón de animales que yo no quería encontrarme en la oscuridad de la selva africana. Y los elefantes seguían estando a la cabeza de la lista. No obstante, mientras seguíamos brincando a lo largo de aquel camino poco iluminado, estaba claro que nuestro guía trataba de guardar lo más grande, o lo más malo y lo mejor, para el final. Pronto nuestro chofer detuvo el jeep, y un hombre cubierto con un holgado atuendo nativo apareció de la nada frente a nosotros. Nuestro guía nos dijo que era un zulú, y que nos ayudaría esa tarde. No pude evitar recordar mis clases de historia de la escuela secundaria sobre el guerrero Shaka Zulu, y me imaginé que se podría haber visto como este estoico hombre de piel oscura que se encaramó sobre el borde de nuestro jeep en una improvisada silla que parecía haber sido soldada sobre el capó y en la cual acomodó su pequeño pero musculoso cuerpo.

Aparentemente, él sabía dónde encontrar los elefantes. Pero debido a su comportamiento silencioso e imperturbable, yo no estaba tan seguro. No habíamos visto ni uno en todo el día. Si nuestro ferviente zoólogo no podía encontrarlos, ¿cómo lo haría este nuevo agregado?

Agua para elefantes

Al continuar nuestra travesía, el zoólogo comenzó a soltar una fuente de información científica sobre el área. Sin embargo, me di cuenta de que el zulú permanecía impertérrito ante la destreza intelectual del otro hombre, que seguía dando cátedra con impresionantes datos objetivos sobre lo que nos rodeaba. Pero el que parecía un guerrero antiguo permanecía en silencio mientras nos adentrábamos en lo profundo de la selva, a los empujones, bache tras bache, hasta que de repente abrió su boca y declaró: "¡El elefante está por allí!"

Sentado entre un zoólogo y un zulú, entre el intelecto y el instinto, presencié algo más extraordinario que lo que había visto en todo el día. Me di cuenta de que el intelecto puede explicar lo que es un elefante, ¡pero solo el instinto puede encontrar uno! El zoólogo había utilizado cientos, sino miles de palabras para describir el entorno donde podríamos encontrar a los elefantes, así como sus hábitos alimenticios, sus patrones de apareamiento y sus habilidades para la lucha. Sin embargo, el zulú esperó sigilosamente, escuchando algo aún más poderoso que el conocimiento de su colega, y pronunció cinco sencillas palabras: "¡El elefante está por allí!"

Unos momentos más tarde, su exhortación instintiva probó ser cierta. Basándonos en la dirección a la que apuntaba el zulú, nuestro chofer aceleró sobre el camino rocoso hasta un claro cerca de un pequeño lago. Allí, una manada de elefantes descansaba y retozaba como si fueran invitados junto a una piscina del Ritz. Se arrojaban agua sobre la cabeza con sus largas trompas, ignorando a sus nuevos espectadores, y seguían retozando.

Yo quedé boquiabierto. Semejante poder y fuerza. Semejante gracia y agilidad en una escala gigantesca. Tomamos una foto tras otra y pasamos un tiempo maravilloso, pero no me podía sacar de la cabeza que Dios me había llevado hasta África para enseñarme algo. A través de este simple encuentro, me reveló una profunda metáfora sobre cómo posicionar mi vida y mi carrera hacia el futuro.

Como ve, fue allí donde me di cuenta de que no debo rodearme solo de gente talentosa y bien informada, para prepararme para el futuro. También debo incluir a esas personas dotadas con lo que el zulú nos había concedido. Él me recordó que muchas de las cosas no se logran ni se transmiten solo con el intelecto. De hecho, el intelecto sin el instinto solo puede exponer y explicar pero no ejecutar. Solo el instinto puede encontrar exitosamente lo que el intelecto explica.

Esta es una de las cosas que los títulos universitarios y las experiencias laborales no pueden inculcarle. Sus profesores y sus jefes podrán invertir incontables horas explicándole información crucial e inspirarlo con datos históricos empíricos que le resultarán de gran valor mientras camina por la vida. ¡Pero el don que no pueden darle es el instinto para saber cuándo hacer lo que solo usted puede hacer y dónde hacerlo!

Para aparejar sus intenciones con sus acciones, usted debe confiar en sus instintos. Todo visionario aprende que debe estar bien informado y bien equipado para alcanzar los logros que se había propuesto. Pero también debe estar en contacto con sus instintos para utilizar su experiencia, educación y equipamiento para cumplir sus expectativas. Los instintos pueden ayudarlo a unir los puntos entre el lugar al que está tratando de llegar y cómo llegar allí.

El intelecto puede hacer que un vendedor conozca bien su producto, pero no puede decirle cómo interpretar a su cliente. La academia de policía puede enseñarle a un oficial sobre escenas de crimen, pero no podrá mostrarle cómo buscar en su interior y obedecer a sus instintos. El servicio de citas puede ofrecerle un potencial cónyuge con la edad, el coeficiente intelectual y los atributos físicos correctos de su extensa base de datos. Pero nunca podrá medir con precisión la química que pueda haber entre usted y su posible pareja cuando por fin se encuentren.

El guía interior

Las lecciones de Sudáfrica se quedaron dentro de mí.

Me di cuenta de que mi padre realmente conocía esta verdad cuando construyó su negocio de limpieza de un trapeador y un balde y llegó a tener una compañía de cincuenta y dos empleados. Papá tenía instintos para crecer. Los grandes predicadores experimentan este impulso cuando descargan un texto bíblico. Los líderes dotados reconocen que el conocimiento y el talento no son suficientes para navegar a través de decisiones cruciales. Las estrellas de cine conocen el secreto de no ser tan solo un actor. ¡Los instintos separan a los poderosos de los mediocres!

¿Y qué hay de usted? ¿Tiene los instintos para reconocer cuando encuentra algo importante o cuando simplemente está dando un paseo? ¿Confía en sus instintos cuando hace un trato de negocios o cuando contrata un nuevo empleado? De no ser así, usted podrá obtener un módico éxito, pero nunca llegará a alcanzar su máximo potencial ¡hasta que avance de ser un zoólogo a ser un zulú!

Comprender esto cambió mi vida de oración, alteró el proceso que usaba para entrevistar gente, me hizo revisar la forma en que evaluaba las verdaderas amistades, y a la larga expandió mi visión de lo común a lo extraordinario. Durante toda mi vida había creído que algunas personas tenían esto y otras no. Pero realmente no encontraba una palabra que describiera lo que mis ojos habían presenciado. Ahora puedo decirle que "eso", es la diferencia crucial que convierte en mágico algo mundano.

Gracias al encuentro en la punta de un continente a miles de millas de mi hogar, ahora tengo un término para esos vagos criterios sobre lo que es una vida exitosa. No era tan solo un talento. No era solo intelecto.

Había encontrado el secreto de los campeones. Al recordar a todas las personas que había conocido en mi vida como un carretel atascado en rebobinar, de repente todo cobró sentido. Desde los escenarios de los conciertos hasta almuerzos empresariales, desde avivamientos en la iglesia hasta argumentos finales en la corte, lo único que cada encuentro tenía en común era ¡los instintos!

Así que si usted va detrás de la caza mayor de una idea, recuerde que seguir las huellas de un elefante ¡requiere instintos que quizás no haya tenido que usar cuando pensaba en conejos! No se trata del intelecto, ni siquiera del entendimiento. No es solo el talento ni la oportunidad. Es el don de los instintos activados. ¿De dónde vienen? ¿Cómo podemos aguzarlos? ¿Cómo podemos utilizar lo que nuestro creativo Creador ha invertido en nuestras partes más profundas? Sí, dije "in"-vertido en todos nosotros: para que nos adaptemos, nos transformemos, creamos y percibamos los momentos importantes o de peligro. Momentos para ser cautos y momentos para guerrear. Cuándo encogerse y cuándo apresar. Cómo trabajar y no colapsar.

La ley de los instintos es lo que determina cómo

manejamos el momento, cómo nos colocamos en posición y nos adaptamos, creamos ingeniosamente y seguimos adelante estratégicamente sin temor. El común denominador de los instintos gana elecciones presidenciales, hace comediantes exitosos, hace que los arquitectos construyan monumentos eternos, y eleva a los ingenieros a la categoría de artistas.

El vivir por el instinto potencia su capacidad para entender hacia dónde va y cómo llegar allí. Puede ayudarlo a saber cuándo bajar la velocidad y retroceder y cuándo acelerar y seguir adelante. Y puede guiarlo hacia lo que a la larga ha estado buscando—¡ya sea que el elefante esté dentro de la habitación o que ande por allí!

◄◊►

CAPÍTULO 5

Instinto o extinto

Para activar nuestros instintos, estoy convencido de que todo comienza con la *exposición*. Usted no podrá llegar a ser lo que no alcanza a ver. No es que la exposición nos provea el instinto; es que la exposición despierta los instintos y evita que ignoremos lo que en nuestro interior sabemos que es verdad. La mayoría de las personas se adaptan a su entorno más rápidamente de lo que debería. Se adecuan a la situación, en lugar de adecuar la situación a los sueños que tienen en su interior.

Usted se sorprendería al darse cuenta de que ha aceptado y se ha adaptado a ser mucho menos de lo que es capaz de llegar a ser. Resulta alarmante que la gente busque encajar sin considerar el poder que tiene para cultivar los dones que le han sido dados. Usted puede estar perplejo sobre por qué usted no ha progresado más en la vida. Ha tildado todos los casilleros de la receta para el éxito y sin embargo no alcanza. ¿No es hora de que entienda lo que le ha sido dado y cómo tamizar la agitación interior para que sus instintos de supervivencia puedan aflorar?

Como me enseñó el zulú, usted debe combinar todos sus ingredientes con la sabiduría que Dios le ha dado si desea prosperar. Mi oración es que experimente la misma clase de revelación que me golpeó cuando estaba sentado en un jeep en Sudáfrica, mientras un arrugado miembro de una tribu exclamaba: "El elefante está por allá".

Hace varios años cuando vine a Dallas, decidí que quería comprar un terreno y construir viviendas accesibles como una forma de devolverle algo a la comunidad. Creí que bajar el costo y adecuarlo a las posibilidades de las personas les ayudaría a que pudieran comprar su casa. Mi intención era buena y provenía de un buen corazón, pero cuando en ese proceso empecé a recopilar estadísticas, entendí algo que puede influir en mi hipótesis: que la gente se adapta a sus propias expectativas. En otras palabras, solemos comportarnos basándonos en nuestras propias percepciones más que en la realidad de nuestras presentes circunstancias.

Como ve, en este caso la realidad era clara: la gente que se muda a vecindarios económicos pronto pierde el interés en reparar o mejorar su casa. Si la inversión requerida es pequeña, así será su compromiso. Ellos son indulgentes con el medioambiente y también lo son sus hijos. Suponen que *bajo costo* significa "inferior calidad", "provisorio" e "inadecuado", que por supuesto, no es el caso. Pero se transforma en una profecía autocumplida cuando desatienden sus hogares, ignoran la necesidad de mantenimiento y no toman en serio su oportunidad de mejorar.

Sin embargo, he aprendido que la forma más sabia de influenciar y efectuar cambios era evitar la sutil segregación que crea constructos sociológicos que dan lugar a la posibilidad de guetos. Aprendimos que las viviendas de ingresos mixtos forman una base fiscal más fuerte, que a su vez mejora el sistema escolar no subsidiado. El resultado es positivo para todos: los vecinos se influyen unos a otros no solo en el mantenimiento de la comunidad, ¡sino mediante el intercambio de ideas que ayudan a elevar la diversidad en esa comunidad!

Solemos no reconocer los impulsos que hay dentro de nosotros porque no hemos estado expuestos a gente que afirme su importancia. Si no aprendemos a escuchar a esos instintos, ¡pronto nos extinguiremos! Para activar nuestros singulares instintos, usted debe reconocer cómo los ha manejado hasta ese momento de su vida. Para poder establecer cambios, debemos reconocer las influencias ambientales a las que hemos estado expuestos. ¿Su percepción de la realidad está sesgada por lo que espera o por lo que realmente desea? Obviamente, nuestra actitud y nuestra visión de la vida tienen una enorme influencia tanto en la precisión de nuestros instintos como en nuestra inclinación a estar conscientes de ellos y confiar en su guía.

Instinto de identidad

Tengo un par de muchachos mellizos—bueno, yo les digo "muchachos", pero ya son dos hombres crecidos. Y aunque son mellizos, no son idénticos; tienen la misma madre y el mismo padre, pero no podrían ser más diferentes. Cuando aún estaban en la cuna, me di cuenta de que cada uno tenía una personalidad diferente que siguió evolucionando y solidificándose al ir creciendo. Uno es afable y bohemio; el otro es tranquilo e independiente. Uno es educado y compasivo; el otro es responsable y diligente. Uno es espontáneo y sociable; el otro es metódico y reservado.

Por supuesto que no soy un licenciado en psicología clínica especializado en el desarrollo de la primera infancia. Solo soy un padre que comenzó observándolos en sus cunas. Aunque mi esposa y yo nunca tratamos de que tuvieran el mismo tipo de personalidad, estoy seguro de que supusimos que tenían un temperamento más parecido del que realmente tienen. Quizás los vestimos iguales cuando eran demasiado chicos como para protestar y nos esforzamos en que los dos recibieran la misma atención. ¡Pero es evidente que no son iguales!

Y a medida que crecieron desde la pubertad hasta la joven adultez, seguí reflexionando sobre cómo dos personas tan estrechamente entrelazadas en un lugar tan pequeño como el vientre, criadas en la misma casa, y gestadas en entornos idénticos, podían ser atraídas por ropa tan diferente, diversos tipos de amigos y rumbos de vida separados.

Al observarlos como hombres adultos, sigo fascinado al ver cómo cada uno de ellos desempaca su inventario de singularidad y se familiariza con la sustancia de su individualidad mientras busca desarrollar todo su potencial divino. A menudo ha sido una aventura ruidosa ya que han explorado y han ido descubriendo su propia individualidad; cada uno aporta una forma de pensar claramente extraordinaria y su propia manera de resolver problemas.

Quizás la principal razón de su desarrollo exitoso como personas independientes y únicas es su compromiso para descubrir el poder de sus propios y particulares talentos, capacidades y tendencias. Está claro que no son clones uno del otro, ya que sencillamente tienen reacciones opuestas.

Como son mellizos, sin embargo, probablemente enfrentaron el desafío del autodescubrimiento antes y más deliberadamente que la mayoría de nosotros. Y sin embargo su acelerada travesía es la misma en la que estamos todos: descubrir quiénes fuimos creados para ser, saber por qué estamos en esta tierra y vivir en la búsqueda de nuestro destino divino.

Como mis mellizos, muchos de nosotros compartimos con otros que nos rodean las mismas variables para el éxito, y sin embargo fallamos en descubrir nuestra particular y distintiva combinación para destrabar ese éxito. ¿Alguna vez se ha preguntado por qué personas con menos talento, menos recursos y más obstáculos que usted lo superan? ¿Alguna vez ha intentado seguir una fórmula o marcar cinco "pasos fáciles" para el éxito para luego sentirse frustrado, como si usted fuera la excepción? Con demasiada frecuencia imitamos a otros y nos conformamos a los estándares populares pero no aprovechamos nuestro recurso más preciado y poderoso: *nuestra propia singularidad.*

Obviamente, mis mellizos comparten muchas similitudes, tanto factores genéticos como influencias ambientales. Pero el hecho sigue siendo que cada uno de ellos ha sido diseñado divinamente como único en su género, un reflejo inimitable de su Creador—no de su hermano mellizo o incluso de sus padres.

Al ir madurando, mis mellizos se fueron dando cuenta naturalmente en qué se diferenciaban—pero, más importante aún, disfrutaron, cultivaron y celebraron esas diferencias. Como mencioné antes, ellos estaban más autoconscientes y determinados a descubrir cuáles eran sus capacidades, intereses y pasiones personales y únicas desde que eran chicos. Aunque se amaban mucho y disfrutaban de ser mellizos, de cualquier manera no querían ser el duplicado de otra persona, y ciertamente no entre sí. Como cada uno de nosotros, ellos querían descubrir la huella digital de su propia personalidad.

Fueron bendecidos al tener ambos la motivación y la libertad de explorar sus propios recursos internos. Al ir creciendo, a muchos de nosotros no se nos alienta a identificar nuestra individualidad; realmente, era más probable que se nos dijera tanto de palabra como con el ejemplo que tratáramos de conformarnos, de encajar, de no llamar la atención. Ya fuera expresado abiertamente o implícitamente encubierto, el mensaje que recibimos fue el de aceptar el statu quo y no hacer olas. Ese puede haber sido el intento de nuestros padres de hacer nuestras vidas más sencillas o quizás de protegernos del escrutinio y, muy a menudo, la cruel burla que acarrea sobresalir en la multitud.

Y aún así muchos de nosotros sabíamos desde temprana edad que no éramos como los demás, ni mucho menos lo que otros querían que fuésemos. Puede ser que deseáramos quedarnos adentro y perdernos en las aventuras de los Hardy Boys o de Harry Potter en vez de ir a jugar básquetbol en el parque. Según mi experiencia y observaciones, nuestra verdadera identidad rara vez disfruta la libertad de emerger sin antes tolerar el conformismo, las modificaciones sociales o la rotunda represión. La presión de los pares así como las aspiraciones de los padres y las demandas de nuestras circunstancias ejercen variados montos de fuerza sobre quiénes somos realmente. Nuestros instintos pueden habernos guiado hacia partes ocultas de nosotros mismos para mantenernos con vida cuando éramos más jóvenes. Instintivamente sabíamos que no podíamos expresar nuestra creatividad, desatar nuestra imaginación o declarar nuestros sueños sin que fueran dañados por el ridículo, el rechazo o la reacción de los demás.

Como adultos, sin embargo, ahora tenemos el poder de liberarnos a nosotros mismos. ¡No necesitamos el permiso de nadie para empoderar la esencia de la identidad que Dios nos dio! Ya sea que pensemos que tenemos el tiempo, el dinero o cualquier otro recurso necesario para descubrir quiénes somos realmente, es de vital importancia que abramos nuestro corazón y le permitamos crecer, desarrollarse y florecer.

Como ve, no se trata de si usted puede pagar la terapia o completar su educación o asistir a un seminario de autoayuda. Y no se trata de convertirse en alguien egocéntrico, que alimenta su yo niño o disculpa la autoindulgencia. ¡Se trata simplemente de si usted tiene el coraje de mirarse hacia adentro y aceptar lo que encuentre allí!

Exposición e independencia

Las personas que logran vivir por instinto, los innovadores, los pioneros, y los dramaturgos son libres gracias a sus propios impulsos instintivos, el combustible que alimenta su propio singular sistema de GPS.

Este contraste motivacional puede inspirar, equipar y modelar las áreas que necesita desarrollar para avanzar en su propia jornada. Esto ayuda a explicar por qué la vivienda de ingreso mixto que mencioné anteriormente surgió como la forma más sólida y viable de inducir al cambio. A menudo, aprendemos más de nuestras diferencias que de nuestras similitudes, y los que están ascendiendo y haciéndose más exitosos pueden observar y aprender de quienes se encuentran unos peldaños por encima de ellos.

Por otro lado, no podemos permitir que la imitación o la emulación dicten nuestras decisiones. Nuestra exposición a otros debe convertirse en el combustible y no en el motor mismo, empoderando nuestro auto descubrimiento y energizando nuestros instintos. Quizás considerar la forma en que trabaja un artista o un diseñador pueda iluminarnos este proceso. Un artista tiene un talento natural, pero de cualquier manera necesita instrucción, inspiración e integración para poder producir su singular innovación.

Su natural talento los llevará solo hasta cierto límite sin el aporte de maestros, pares y médicos. La exposición de un artista a las grandes obras históricas provee un sólido fundamento que le permite a ese artista diversificarse en nuevas áreas de experimentación e hibridación. Como me dijo una vez un escritor: "¡Usted debe conocer las reglas y las razones de ellas antes de poder quebrantarlas!"

Estoy convencido de que despertar nuestros instintos como una fuerza que guíe nuestras vidas opera según ese mismo paradigma. Necesitamos una vislumbre de lo que hubo antes para poder prever los portales de posibilidad. ¡Debemos saborear el néctar de la necesidad pasada si queremos fermentar nuestro propio néctar para el futuro! Debemos absorber tanto como nos sea posible la visión desde lugares más altos para poder aclimatarnos y escalar nuestras cumbres más altas.

En definitiva, esto requerirá que usted salga por sus propios medios en vez de seguir los pasos de otros. Cuanto más alto ascienda en su propio y singular camino, menor será el número de pioneros que haya delante de usted. Dejarse guiar por sus instintos puede resultar solitario en ocasiones. Otras, especialmente quienes estén comprometidos con el conformismo y cómodos en sus propias jaulas, quizás se sientan amenazados mientras usted se aventura por sus propios medios. Puede que critiquen su búsqueda apasionada y traten de sabotear su cita con el destino.

Sin embargo, si usted vive instintivamente, estos críticos nunca impedirán su progreso por más de algunos minutos. En mi propia vida, ¡jamás hubo alguien que me odiara y a quien le fuera mejor que a mí!

Las personas que están por delante de usted, que viven la libertad de dejarse guiar por la singularidad de su instinto, le darán la bienvenida, lo alentarán y serán sus mentores. Lo inspirarán para que sea un pionero y no un impostor. Solo quienes se hallen encarcelados por no querer escuchar a sus instintos y correr los riesgos que eso conlleva intentarán disuadirlo.

Hablaremos más sobre los obstáculos transitorios que esos críticos pueden representar en un próximo capítulo. Pero por ahora, usted simplemente debe darse cuenta de que se requiere tanto la exposición como la independencia si quiere ponerse en contacto con su sabiduría instintiva y permitirle que lo guíe al siguiente nivel de vida intencional. No permita que los menos motivados que usted, o empeñados en derribar a otros para mantenerse en el poder, impidan que usted llegue a ser todo lo que puede ser en la plenitud de su identidad especial, singular, única en su clase.

Decodifique su diseño

Una vez que usted esté listo para poner en acción su instinto para el éxito, debe buscar activamente elementos de excelencia que lo inspiren. ¿Sabe bien qué es lo que lo fascina? ¿Qué apasiona su corazón y enciende algo en lo profundo de su ser? ¿Cuáles son los artículos periodísticos que capturan su atención, los temas que desafían sus pensamientos, la curiosidad que impulsa sus preguntas insaciables? Estas son áreas con las que usted puede comenzar a estimular sus instintos de identidad.

El proceso de decodificación no requiere una batería de pruebas de aptitud, paneles de personalidad, o psicoanálisis. Solo se necesita que usted se convierta en un estudiante de sí mismo. Ahora mismo, vaya y fíjese en lo que ha marcado como "favoritos" en su computadora. Mire las imágenes que ha recopilado en Pinterest—¿Qué es lo que todos tienen en común? ¿Qué twits ha querido guardar para volver a ellos una y otra vez? ¿Qué revistas mira siempre cuando espera en el consultorio del odontólogo? ¿Qué blogs lo hacen echarse hacia atrás para meditar sobre las observaciones y afinidades de otras personas?

Por favor, tenga en cuenta que aquí debe ser honesto consigo mismo. Ábrase camino entre los libros que se *supone* que debe leer o los comentarios que se siente obligado a responder. Otros pueden no conocer estos intereses o pasajes de su vida, pero usted sí sabe que están allí. Su sueño de manejar una pensión con desayuno (B&B). Su curiosidad sobre cómo crear una nueva cartera de inversores. El placer culposo de leer novelas románticas. Su habilidad para coser una chaqueta que parece comprada en una tienda.

¡Estas son las claves que tiene a su alrededor, mi amigo! Use sus instintos para que lo guíen hacia lo que usted ama pero no se permite admitir. Desentierre los recuerdos favoritos de su niñez y lo que le causaba placer. ¿Era construir estructuras nuevas, nunca vistas, con Legos? ¿Crear historias sobre sus amigos ambientadas en otro planeta? ¿Ocuparse de sus mascotas con el amor y la atención de un padre? ¡Cualquier cosa que una vez tuvo el poder de hacer flotar su barco todavía puede sacudir su mundo!

Quizás le parezca tonto o infantil al principio, le dé vergüenza admitirlo, o le parezca una locura considerarlo. Pero haga una búsqueda arqueológica de su propia ambición. No ignore ninguna atracción, interés, pasión o tendencia porque esté demasiado "expuesta" para ser examinada o pueda revelar información sobre usted. Nunca sabrá lo que se puede descubrir al pensar más allá de lo que la cultura, el conformismo y los críticos han tratado de imponer.

Una vez que tenga una buena lista de estas preferencias personales y variables únicas y especiales, busque patrones, similitudes y denominadores comunes. Agrúpelos de acuerdo a cómo lo movilizan, cómo le hablan, lo motivan y lo estimulan. ¿Qué es lo que hace estallar su impulso creativo? ¿Quién lo motiva como modelo a seguir? ¿Dónde se siente más vital?

Nada está fuera de límites para que usted lo explore. ¡Usted es la persona más fascinante que jamás podrá conocer! Así que no se esconda, no se niegue, no se reprima ni finja ser otra cosa. Permita que su verdadero yo salga a luz, el lado más blando, el más afilado, la parte más creativa, la más organizada, el lado apasionado, el liberado, el de "a quién le importa lo que piense la gente", y el de "esto me hace sentir vivo". Esta es la tierra en la que descubrirá las semillas plantadas hace mucho tiempo que esperan aflorar a la superficie de su conciencia y llevar fruto. Esta es la galaxia de las estrellas que pueden iluminar su camino a través de cualquier oscuridad que pueda encontrar. Esta es el área en la que usted puede tener la satisfacción de saber que está haciendo lo que usted y solo usted puede hacer.

Si este proceso de excavación lo intriga, entonces lo invito a que pase algún tiempo descubriendo sus mayores recursos vitales. Yo tan solo le proveeré estas preguntas y sugerencias como catalizador para este proceso de aprendizaje que durará toda su vida.

CAPÍTULO 6

❧

Un instintivo sentido
de dirección

Muchas personas parecen asombradas de que yo esté metido en tantas cosas además del ministerio— negocios, escritura, conferencias, música, cine y televisión, por nombrar unas pocas—y a menudo preguntan acerca de mi motivación para explorar esas ocupaciones diversas. No se dan cuenta de que mi espíritu emprendedor siempre ha sido una parte de lo que soy y de dónde vengo.

Al crecer, observé a mi padre iniciarse con un trapeador y un balde, y comenzar un servicio de conserjería que terminó sirviendo a decenas de escuelas, oficinas e iglesias. Además de mantener limpia nuestra casa y preparar comidas, mi madre enseñaba en la escuela y, a menudo trabajaba en otros empleos para llegar a fin de mes. Mis padres fueron personas muy trabajadoras con una combinación única de sentido común para los negocios, dedicación, dignidad personal y sabiduría financiera, y tenerlos como modelos a seguir ha demostrado ser un legado invaluable.

Así que, incluso después de sentir el llamado de Dios y entrar al ministerio, siempre trabajé en otros empleos para pagar las cuentas. Ya sea al administrar el departamento de pintura en Sears, vender ropa de hombre, o trabajar en la línea de montaje en Union Carbide, aprecié el valor de trabajar mucho para proveer para mi familia, además de financiar mi ministerio. El "hacer tiendas", como lo llamamos en la iglesia, me surgía naturalmente.

Sin embargo, cuando fui despedido de la planta durante un tiempo de devastación económica en West Virginia, enfrenté un nuevo desafío. Nadie estaba contratando. No había empleos. No había oportunidades de empleo en un radio de cincuenta millas. Convertirme en un pastor a tiempo completo no fue una opción. Mi ministerio todavía se hallaba en estado embrionario y no podía proveer una compensación; la mayoría de las veces, yo pagaba la factura de la luz y las escasas provisiones para la iglesia.

De modo que, después de mirar afuera en busca de un trabajo, miré hacia adentro en busca de inspiración acerca de cómo alimentar a mi familia y mantenernos a flote. Aprendí que si la necesidad es realmente la madre de la invención, ¡la desesperación es el padre! No tuve tiempo para reflexionar sobre qué dirección podría ser la más estratégica o contemplar el modelo empresarial para un nuevo comienzo. En cambio, simplemente me basé en mi entorno establecido por default y consideré los recursos disponibles, que no eran muchos, y llegué a la conclusión de que podría comenzar un servicio de mantenimiento de césped para arreglarnos por un tiempo. Con un camión viejo y desvencijado, algunas máquinas cortacésped de segunda mano, y un par de chicos de secundaria que me ayudaban, yo estaba en el negocio.

Mi pequeña empresa de cuidado del césped nunca creció mucho ni se convirtió en un imperio, lo cual no me sorprende, porque nunca tuve ninguna verdadera pasión por eso. Pero sí proveyó una herramienta de supervivencia por un tiempo, por lo cual mi familia y yo estuvimos muy agradecidos. Este tiempo también me enseñó nuevas lecciones acerca de mí mismo y de mi instinto de supervivencia. Aunque era tentador sentirse enojado por haber sido despedido o sentirse una víctima de la economía anémica, me vi obligado a recordar que yo tenía opciones y responsabilidades. No era solamente mi propio bienestar lo que estaba en juego, sino el de mi familia. ¡Nadie a mi cuidado iba a pasar hambre!

Esté usted dirigiendo un negocio de informática o una panadería, una cadena hotelera o su propio hogar, debe filtrar la adversidad a través de su instinto de supervivencia. Cuando las expectativas no se dan de acuerdo al plan, usted debe estar dispuesto a cambiar de rumbo, adaptar su visión, y recalcular lo que se necesita para sobrevivir. Cada obstáculo contiene una oportunidad. Quizás no sea la puerta hacia el éxito que usted buscaba,

¡pero puede ser una ventana del segundo piso con una rendija abierta!

Sus instintos crean naturalmente un camino a seguir con lo que usted tenga a la mano. Las dificultades pueden humillarlo, pero no pueden quebrarlo a menos que usted se lo permita. Su instinto de supervivencia lo ayudará si usted está sintonizado en su frecuencia. El instinto encontrará un recurso provisorio sin quitar la mira de sus metas mayores. No hay mayor manera de afinar sus instintos que superar la adversidad. Los líderes exitosos saben que los instintos transforman la adversidad en oportunidad.

Conducir el jeep

Cuando se aventura en nuevas junglas de oportunidad, las personas que viajan con usted marcan una gran diferencia en su capacidad para avanzar en terrenos escabrosos. Durante mi safari en Sudáfrica, aprecié el motor resistente y el chasis macizo del vehículo de nuestra compañía, un jeep claramente diseñado para excursiones en todo terreno. Se adaptaba a los caminos fangosos y a las colinas rocosas sin disminuir la velocidad. Claramente, fue construido para sobrevivir bajo presión.

Para sobrevivir, debemos ser tan resistentes y determinados como este jeep que se abre camino a través de la jungla. Debemos estar dispuestos a tomar decisiones difíciles y a aceptar soluciones temporales. Y también debemos estar dispuestos a movilizar a quienes nos rodean para ir en la misma dirección que nuestro destino. No importa lo ingeniosos, creativos, o trabajadores que podamos ser, sin otros en nuestro equipo, ¡solamente divagaremos en nuestras ideas en vez de ganar terreno hacia la interacción!

Si el instinto es el combustible que da energía a su jeep, ¡los miembros del equipo son los neumáticos!

No me importa cuán pulido esté el jeep o cuántos caballos de fuerza tenga bajo el capó. Puede estar construido para colinas escarpadas y diseñado para llevarlo en el safari de toda una vida, pero si los neumáticos no están llenos de aire y listos para andar, el carburador, las bujías, o el volante no pueden ayudarlo a moverse en la dirección en la cual es necesario que vaya.

Al profundizar en este tema, mi suposición es que usted quiere maximizar su viaje y mejorar su productividad. Si todo lo que quiere es el piso flamante, encérelo. Si quiere ser móvil, flexible, y magnífico, tenemos que conseguir a quienes apoyen la visión y se muevan de un modo sincronizado y sin restricciones.

Así que gran parte del viaje, especialmente su velocidad y dirección, dependen de cómo usted conduce y de las decisiones que toma respecto a su vehículo. Esta conexión con su ritmo instintivo afecta cada área de su vida, incluyendo la forma de interactuar y de guiar a otros. Sé que cuando tengo mis manos en el volante, la responsabilidad es mía. Pero surge la pregunta: ¿Qué "yo" está conduciendo? ¿Estoy conduciendo con la personalidad o con el propósito? ¿Estoy conduciendo con mi corazón o con mi cabeza? A menudo he luchado interiormente para entender qué parte de mí nos dirige.

Vamos a estudiar los estilos de liderazgo instintivo en el capítulo 14, pero por ahora recuerde que el instinto requiere conciencia de sí y asunción de riesgos. Usted tiene que conocer sus áreas de dones y pericia y al mismo tiempo no volverse demasiado cómodo. Un talentoso atleta, actor o ejecutivo siempre se estirará y se extenderá más allá de sus capacidades actuales, usando lo que ya ha logrado como plataforma de lanzamiento.

No conformarse nunca con el statu quo

La rutina es el enemigo del instinto. ¡Así que rompa el molde! Aunque es importante establecer rutinas, horarios y sistemas de operación, es igual de importante saber cuándo cambiarlos. Las rutinas sin una continua evaluación conducen al estancamiento y la mediocridad. La mayoría de los individuos, equipos y organizaciones aceptan un desafío o caen en lo conocido. Es mejor cambiar y fallar que conformarse con el statu quo.

Dependiendo de sus experiencias pasadas, puede tener que aceptar el cambio para sobrevivir en cada nueva jungla que encuentre. Yo había estado habitualmente orientado a la conservación, y luego entré a un ámbito en el que la renovación no solo es esperada, sino que frecuentemente indica crecimiento e innovación. En resumen, me di cuenta de que yo estaba cambiando más rápido que las personas que me rodeaban.

Pronto iba a descubrir que las personas que habían sido creativas en una etapa de crecimiento ahora parecían vacías de ideas—y peor aún, ¡parecían no darse cuenta de que el suelo había subido bajo sus pies! Cuando crecí y me encontré con ideales más altos y nuevas metas, lo que una vez había sido aceptable ahora parecía aletargado como mucho y letal si lo ignoraba.

No puede llevar a todos con usted simplemente porque estaban con usted donde estaba antes.

Yo me sentía dividido. ¡No podía decidir entre obedecer a mi corazón o a mi mente!

Tenía que ser lo suficientemente perspicaz como para darme cuenta de que las reglas habían cambiado y usar mis instintos para ver cómo cambiaron.

Asústame otra vez

¿Cómo combatimos la autocomplacencia y la parálisis del pasado? ¿Cómo encendemos nuestros instintos? Hace varios años, Joseph Garlington, un sumamente reverenciado teólogo y conferencista de Pittsburgh, vino a hablarnos y nos compartió una experiencia que tuvo con sus nietos.

Yo mismo, como abuelo, puedo ahora identificarme con su historia. Tal vez usted también ha tenido esos momentos, cuando los hijos o los nietos están aburridos de jugar solos, y usted está tratando de leer, investigar, estudiar o concentrarse en una tarea que tiene delante. Subconscientemente usted nota que ellos están saltando a su alrededor, compitiendo por su atención, pero no abiertamente.

Subiendo y bajando las escaleras, esperan captar su mirada con los piecitos dispuestos para el siguiente peldaño de la escalera. Finalmente, usted levanta la vista de lo que está haciendo y dice: "¡Buu!" Gritos de alegría brotan de sus labios como el agua de un pozo artesiano. Usted vuelve a lo que está haciendo, suponiendo que su exclamación de reconocimiento bastará. Sin embargo, es solo cuestión de tiempo antes de que escuche otra vez el sonar de los pies felices. Ellos esperan en los escalones que usted vuelva a mirar. Y si no lo hace, el nieto, cansado de esperar, exclamará: "¡Asústame otra vez, abuelito! ¡Asústame otra vez!"

Eso es lo que muchas personas dotadas y talentosas están esperando: sus instintos ansían una tarea que sea el equivalente a "¡Asústame otra vez!" Hazme estudiar de nuevo. Desafíame con algo especial que me hará crecer. Dame algo lo suficientemente difícil para hacerme pensar y trabajar, crear y desarrollar.

Estoy convencido de que la única manera en que usted puede desarrollar sus verdaderos dones, sus instintos creativos, es aceptar una visión tan gigantesca que el corazón sube corriendo por las escaleras como un niño, gritando con deleite porque usted tiene un desafío que iguala a su creatividad.

CAPÍTULO 7

✦

Instintos dirigidos afuera

Los instintos permiten que su visión interna se convierta en una realidad externa. A menudo, este proceso de realización puede implicar métodos de descubrimiento y aplicación inesperados y hasta poco ortodoxos. Nunca olvidaré una vez cuando era niño y me vestí para un evento muy grande al que asistió nuestra familia. Normalmente recibía un poco de ayuda, pero siempre he sido un poco precoz, y realmente yo no creí necesitar ayuda. Mi madre ya me había dicho qué ponerme, yo era un muchacho grande, y pensé que sabía qué hacer. Así que razoné: "¡Yo puedo manejar esto!" y continué meneándome hacia mi armario.

Como cualquier familia con niños pequeños, por supuesto llegábamos tarde, así que salté al asiento trasero del coche, fuera de la vista de mis padres. Empecé a jugar con mis hermanos, que es lo que siempre hace el menor: atormentar a los otros, bastante orgulloso de mí mismo por lograr vestirme sin ayuda. Mientras reíamos tontamente, a carcajadas, hacíamos payasadas, y bromas, nunca imaginé que la mayor risa del día en última instancia estaba a punto de referirse a mí.

Poco después de llegar y ser rodeados por la multitud, inmediatamente escuché a algunos que se reían de mí. Comenzaron a señalarme, y las risitas aumentaron. Parece que estaba completamente vestido con lo que se había previsto para mí, pero mi camisa estaba al revés. No lucía tan mal, pero usted ya sabe cómo reaccionan los niños ante cualquier cosita. Completamente humillado en mi vergüenza infantil, corrí hacia mi madre para que arreglara el desastre que yo había hecho.

Ahora que soy adulto, me va mucho mejor en ponerme la camisa de la manera correcta. Normalmente, ¡logro vestirme bastante bien! El desafío de hoy es lograr que la camisa al revés que una vez fue involuntaria se convierta muy deliberadamente en un modelo para vivir. Vea usted, he llegado a entender que el arte de ser un visionario es lograr que la visión interna se materialice afuera. Sus instintos no solo dan voz a sus visiones innovadoras, sino que transforman los errores en una obra maestra de mosaico.

Con mucha frecuencia miramos a otros buscando inspiración, aprobación, o afirmación respecto de lo que debemos hacer y cómo debemos hacerlo. Pero usted nunca logrará el cumplimiento de su visión de esta manera. Mi amigo, usted es la fuente más singularmente efectiva para manifestar exteriormente todas las visiones, invenciones, libros, o negocios que son naturalmente parte de sus dones. Esto explica por qué ser copiado nunca es un problema, ya que la verdadera creatividad jamás puede ser sintetizada.

Ahora, muchos pueden imitar lo que hace, pero nadie puede duplicar lo que usted hace si usted produce exteriormente lo que posee interiormente. Si deja aflorar sus instintos, usted mismo emerge como una clase de la cual es el único elemento. Verá, ¡no hay nadie como usted! ¡Usted no fue creado para tratar de convertirse en el próximo Steve Jobs o Alice Walker o Nelson Mandela o Beyoncé!

Usted fue creado para traer a esta tierra algo que nunca se ha cristalizado a lo largo de los eones de tiempo. No sé lo que es eso para usted, y puede que aun no lo haya descubierto totalmente, pero si usted vive y se conduce por sus instintos, su don raro y precioso—único en su clase—¡emergerá!

Así que deje de fabricar ideas sintéticas o permitir que otros manejen los hilos, y usted no tendrá que deshacerse de la competencia. Ponga su sello, su aroma, su esencia, su ADN, en lo que produce, y eso tendrá esa singularidad para siempre. Deje de copiar y comience a descubrir lo que está intrínsecamente dentro de usted.

Hace varios años, fundé un festival llamado Megafest, una amalgama de diversos intereses míos que se interrelacionan en un mismo marco. Mi propensión a las temáticas de negocios y a la salud personal se fusionó con mi pasión por la fe y la espiritualidad. El primer año, vinieron más de cien mil personas de todas las clases sociales para asistir al evento. Estuvieron representados múltiples países y culturas, y fue un éxito sin precedentes.

Sin embargo, el indeleble momento de satisfacción que aun perdura en mí ocurrió la noche anterior a la apertura de Megafest, mientras me maravillaba de cómo mi visión había cobrado vida. Sin entrenamiento formal ni mucha experiencia, mi equipo y yo recibimos elogios internacionales por la organización de un proyecto tan inmenso, con solo unos pocos problemas técnicos menores. Lo que es más importante, pudimos motivar, inspirar, entretener, y fortalecer a un conjunto diverso de personas, animándolas y desafiándolas a disfrutar el contentamiento que viene de vivir en el centro de los objetivos dados por Dios para sus vidas.

Por medio de ese primer Megafest, obtuve una apreciación aun mayor de lo que significa materializar sus instintos y vivir desde dentro hacia fuera.

El instinto hace un inventario

Antes de formar un equipo, abrir un ministerio, iniciar un negocio, lanzar un concepto, o desarrollar un plan, usted debe comenzar a hacer un inventario de lo que hay en su interior. Hay una poderosa poción que es inherente a las personas que producen exteriormente lo que es suyo. No, yo no le pregunté lo que usted podía pagar o lo que estudió en la universidad o el seminario. Meramente le estoy pidiendo que comprenda que los instintos comienzan con inclinaciones que usted puede no haber seguido, pero que al menos debería explorar.

Así como es posible no haber sido expuesto nunca a una piscina, pero estar dotado como nadador, usted puede no haber descubierto todavía su ámbito de excelencia. Las personas más creativas e instintivas encienden su pasión al ser expuestas—a veces en mitad de sus vidas—a nuevas ideas, a otras personas, a posiciones inusuales y carreras desconocidas que pueden no haber encontrado en su ámbito normal o en el que crecieron. Y sin embargo, se encuentran innatamente atraídos por la belleza de una obra de arte, la genialidad de una nueva app, o la percepción de voces nuevas.

La Escritura nos dice que un abismo llama a otro abismo, y estoy convencido de que esas personas, lugares y perspectivas que repercuten en nosotros a menudo lo hacen debido a un atributo similar compartido. Cuando algo que encuentra resuena en usted, preste atención. Conviértase en un estudiante de sus pasiones más profundas y de sus curiosidades más persistentes. Observe las personas que usted admira y se siente movido a emular. Reconocemos instintivamente miembros de nuestra propia tribu, ¡no importa lo diferentes que puedan parecer!

El hecho de que la gansa ponga huevos en tierra no invalida el hecho de que sus crías se sienten atraídas por el agua. Y los así llamados patitos feos a menudo se dan cuenta de que realmente ¡son un cisne disfrazado! ¿Puede recordar donde comenzó a descubrir lo que usted podría ser? Escuche a sus instintos y encontrará su poder.

Nuestro mayor poder no siempre surge de nuestra experiencia, ni siquiera de las más intensas. Hay un increíble tesoro escondido encerrado en sus instintos, que no siempre puede mostrarse en su currículo. Si usted puede pasar algún tiempo consigo mismo, puede estar al borde de la parte más poderosa de su vida, descubriendo lo que hay dentro que sus instintos quieren expresar fuera.

Piense en aquello a lo cual se siente atraído cuando tiene tiempo para relajarse y retomar fuerzas. ¿Siempre está viendo programas de cocina en Food Network, jugueteando con recetas para hacerlas propias? Quizás esté explorando nuevas apps, pensando en las que desearía que existieran que no puede encontrar. ¿Se descubre hojeando libros de historia y folletos de viajes sobre un país o una cultura extranjeros que lo cautivan? ¿Se siente atraído por el último curso de capacitación para el liderazgo que vendrá a la ciudad?

Prestar atención a lo que nutre y estimula su corazón, su alma y su imaginación, lleva a escuchar sus instintos. A su vez, escuchar sus instintos activa el proceso de creación de la tela de su destino. Como un diseñador cose un vestido, usted toma la visión de su interior y la hace realidad en un traje para vestir en la próxima etapa de su vida. ¡Usted es instintivamente mejor inventando lo que está en su inventario!

El instinto se adapta

Cuando usted siga sus instintos y transforme su visión en realidad, descubrirá que los accidentes, errores y conflictos se convierten en material creativo. Rara vez tiene todo lo que cree que necesita para tener éxito. Vivir por instinto le permite adaptarse a los cambios y fortalecerse. El instinto frecuentemente procesa, aprende y acepta el cambio antes que nosotros. Una vez que nuestras emociones, intenciones y capacidades se ponen al día, avanzamos, un paso más para ver realizados nuestros sueños.

Esta idea comenzó en mí como una hipótesis y se afirmó mientras profundizaba mi investigación y descubría algunos convincentes estudios sobre los temas de la creatividad y la innovación. Siempre he creído que somos una especie sumamente adaptable. El desarrollo de nuestro país revela esta adaptabilidad en la tenaz búsqueda de nuestros fundadores de crear una nueva y poderosa nación, incluso en medio de la naturaleza inexplorada de una nueva frontera—o al menos nueva para ellos.

Mis antepasados demostraron el concepto de adaptabilidad instintiva cuando fueron arrancados de su tierra natal y tuvieron que adaptarse a un mundo que no solo era brutal, sino totalmente desconocido: nuevo idioma, nueva fe, nuevos alimentos, nuevas costumbres, y nuevas reglas de interacción. No sé cómo sobrevivieron a tan hostil absorción de su herencia y su cultura. Pero sobrevivieron y se adaptaron y soportaron.

Lo puedo ver en mi propia vida ya que he sobrevivido a muchos cambios de mi cosmovisión, catastróficos desafíos económicos y de salud, pérdidas, decepciones y momentos de intensa angustia. He sobrevivido a los magnánimos momentos de grandes logros que me catapultaron a ámbitos extraños y nuevos para los que no tenía ni el adiestramiento ni la preparación. Créame: tanto el éxito como la lucha, son diferentes clases de traumas.

Pero en mi interior, siempre he sido un sobreviviente. Y aunque pueda reaccionar emocionalmente al trauma, derramar lágrimas en privado, tener una crisis lejos de la gente, o disfrutar un completo episodio de "alguien se volvió loco", cuando terminé de expresar la emoción persisto en avanzar. Cuando termino mi perorata, rabieta, o momento de dolor, me muevo al modo de supervivencia instintiva que ha empoderado a los seres humanos para soportar situaciones difíciles y placeres de toda clase. Con frecuencia el cambio es para mí tan doloroso de soportar como lo es para cualquier otra persona, pero he aprendido a tomar lo amargo con lo dulce y a seguir avanzando.

Todo lo que he sido capaz de lograr, y la mayor parte de los logros excepcionales de otros que he presenciado, son resultado de algo que está conectado directamente en nuestro interior. Algunos los descargan mejor que otros, pero creo que todos nosotros tenemos más talentos almacenados en nuestro inventario que lo que las demandas de la vida han requerido de nosotros. Podría ser que las oposiciones y las oportunidades nos desafiaran por igual a sacar de nuestro inventario aquello que de otra manera podría haber sido ignorado. Piense cuántas cosas tenía en usted que requirieron un desafío o un cambio para ayudarlo a descubrirlas, utilizarlas, y aceptarlas.

El instinto inspira

Como he investigado la capacidad de adaptación, he descubierto alguna información crucial sobre lo que veo como un patrón. La ciencia nos enseña que el papel de los instintos en la determinación del comportamiento de los animales varía de especie en especie. Parece que cuanto más complejo es el sistema nervioso del animal, menos se inclina esa especie a confiar en los instintos.

En general, desde una perspectiva biológica, cuanto mayor sea el papel de la corteza cerebral—que hace uso de constructos sociológicos para el aprendizaje—menos instintiva se vuelve la criatura. Tanto sus defensas como sus necesidades son cumplidas por medio de su habilidad suprema para deducir y decidir. No tienen que depender de los instintos, debido a su sistema nervioso biológico. No es que los instintos no estén allí. Simplemente no son el principal recurso para el salvamento y la resiliencia.

Con esto en mente, me pregunto si esto realmente describe lo que nos ha ocurrido al reaccionar a la vida en el siglo XXI. Algunas personas viven y se conducen por sus instintos, pero la mayoría de nosotros dependemos del intelecto, del condicionamiento social y la lógica. Miríadas de voces nos gritan diariamente de todas las fuentes imaginables, y lamentablemente nos volvemos sordos a los susurros de nuestros propios instintos.

Tal vez en un mundo perfecto trabajar con alguien completamente ocupado en ambos sería un sueño. Ellos considerarían los hechos, pero tampoco ignorarían los sentimientos. Podrían detectar datos meticulosamente, pero también tener instintos creativos, capaces de invalidar lo que puede parecer lógico en el papel pero poco práctico en la ejecución.

Esto es el opiato del progreso. Libera el alma para escapar de lo obvio cuando es necesario e irrumpir más allá de la ortodoxia histórica de la ideología sostenida previamente. ¡Por medio de esta unión de información oportuna e impulso creativo del instinto, avanzamos a nuevas incursiones de ideas!

Sí, todos tenemos instintos, intuición y discernimiento interior. Sin embargo, algunos nunca permiten la activación de lo que está en su interior. Algunas personas sostienen que nuestro intelecto debería eclipsar nuestros instintos. Incluso han sugerido que mientras más cerebrales somos, menos nos beneficiamos al confiar en los instintos. Nada podría estar más lejos de la verdad.

A veces hemos insensibilizado las terminaciones nerviosas de nuestros instintos por permitirnos el lujo de decidir por los números y vivir en los libros en vez de crear con vistas a las crisis. No usamos lo que creemos que no es necesario. Y mientras que lo que nos han enseñado nos provea, ¿por qué habríamos de buscar más profundamente para desatar los otros muchos dones que están intrínsecamente almacenados dentro de todos nosotros?

Recientemente viajé a la sede de Nike, y uno de los monitores tenía una zapatilla de tenis fijada a una plancha de wafles. El cofundador de la compañía, Phil Knight, se había asociado con un hombre llamado Bill Bowerman, ¡y cada uno de ellos contribuyó con 500 dólares para iniciar la compañía! En los primeros años de la empresa, Bowerman se inspiró en una plancha de wafles para desarrollar una suela que funcionara mejor, con menos peso y más tracción. ¿Quién podría haber imaginado que un calzado para correr inspirado en una plancha de wafles se convertiría en una icónica marca internacional? ¡Qué tal eso como innovación!

Nuestros instintos nos inspiran a mirar más allá de lo usual y a identificar lo inusual. Si estamos en sintonía, nuestros instintos transfieren principios de un campo de estudio a otro, mezclan metáforas que generan nuevas percepciones, y crean nuevos diseños de tradiciones gastadas. Nuestros instintos identifican relaciones entre distintas personas, lugares y principios antes que nosotros. Ellos descubren patrones, diseños y puntos de coincidencia.

Bowerman vio una plancha de wafles y una zapatilla ¡y los unió en una multinacional de miles de millones de dólares! Considere solamente cuántas personas habían estado expuestas a la plancha de wafles y habían visto las zapatillas de tenis, pero no tuvieron el instinto de hacer converger los dos conceptos. ¿Puede imaginarse ir al banco y decir: "Tengo una idea de una plancha de wafles que me va a hacer rico"? No había inteligencia que lo apoyara. No había datos a los cuales remitirse. El riesgo se basó en un instinto que dio sus frutos con un éxito sin precedentes.

Una vez que usted tenga confianza en sus instintos, nunca debe permitir que la negativa a creer de otras personas, o los datos de ellas, refuten lo que instintivamente usted sabe que es verdad. Sus instintos conocen el plan de acción para el éxito que está dentro de usted y cómo traerlo a la vida alrededor de usted. No se dé por vencido ni se deje disuadir de su destino solo porque no parece adaptarse a una fórmula. Como decimos en Tejas: "Si usted cree que hay un zorro en ese agujero, ¡señale con su cola y siga ladrando!"

⬥

CAPÍTULO 8

Instintos para crecer

Nuestros instintos humanos trascienden la supervivencia física e incluyen nuestros dones y propósitos singulares. Cuando desatamos nuestros instintos para que nos guíen, descubrimos las especiales maneras en que hemos sido equipados, educados e iluminados para cumplir nuestro destino. Sus instintos son más ingeniosos, resistentes y receptivos que lo que usted probablemente comprende.

Así que muchos me dicen que conocen lo que fueron diseñados para hacer, pero simplemente no pueden captar una oportunidad. Me cuentan que sus circunstancias los limitan, sus finanzas se lo impiden y sus relaciones los inhiben. Sin embargo, cuando usted desate sus instintos, encontrará una manera de moverse a través de, por arriba, por encima y más allá de lo que parezca impedir su progreso.

Cuando se juntan las ideas con la influencia, el ingreso siempre aparecerá. La mayoría de la gente aborta sus creativas ideas innovadoras por temor a la inversión. Pero, una gran idea puede atraer a los inversores. Siempre he creído que las relaciones son nuestro mayor recurso. Pero esas relaciones deben tener un intercambio multidisciplinario más allá de lo conocido. Usted no tiene que limitarse a ningún punto de vista particular. Usted necesita tener en la sala un fabricante con un senador, un productor discográfico junto al plusmarquista, un científico junto con el artista, el banquero asociado con un abogado. Con los años he aprendido que usted no puede estar rodeado de relaciones monolíticas y aprovechar una manifestación plena de su potencial. Sigo creyendo mucho en la investigación y los datos, pero al final del día, la mayoría de los grandes descubrimientos pueden ser rastreados hasta los instintos.

Así que cuando tengo una idea instintiva, tendrá una muerte súbita si no armo en torno a ella un equipo que tenga instintos similares pero diversas perspectivas de influencia y contribución. La mejor manera de matar sus instintos es rodearse solamente de gente práctica que nunca va más allá de lo que afirman los datos empíricos. Si usted solamente se mueve basado en los datos, solo regurgitará viejas ideas. Consulte los datos y preste atención a la certeza de estos cuando sea factible, pero tarde o temprano, todos los inventores y la mayoría de los inversores deben abrirse camino a través del embrollo de informes trimestrales, y fundamentarse en sus instintos.

Y cuando los instintos creativos emergen, los recursos finalmente alcanzarán. Por lo general, la información tiene que ir a la par con la inclinación. Usted no está separado de un millón de dólares por un préstamo, sino que usted es una idea creativa de un millón de dólares. Cuando las circunstancias parecen tomarlo como rehén, sus instintos pagan el rescate.

En esencia, un instinto es un patrón innato de actividad o tendencia a la acción que es común a una determinada especie. También es un impulso o inclinación natural o innato. Estos instintos no son solo los básicos que usted podría considerar, tales como de supervivencia, procreación, o lucha o fuga.

En mi investigación, me asombró descubrir que algunos expertos creen que muchas personas poseen un instinto o aptitud natural para hacer dinero, otros para sanar, crear arte, organizar, o negociar. Estoy convencido de que nuestros instintos emergen de y junto a nuestros dones, así que tiene sentido que nuestros instintos reflejen nuestros talentos y habilidades.

Como explica un experto de Wikipedia: "Cualquier comportamiento es instintivo si se lleva a cabo sin basarse en la experiencia previa (es decir, en ausencia de aprendizaje), y por lo tanto, es una expresión de factores biológicos innatos. Por ejemplo, las tortugas de mar, recién salidas del cascarón en una playa, se moverán automáticamente hacia el océano. Una cría de canguro trepa a la bolsa de su madre al nacer. Las abejas se comunican bailando en la dirección de una fuente de alimento sin instrucción formal".

El rugido del empresario

Independientemente de nuestros instintos particulares, todos comparten una dirección común: hacia adelante. Salir y entrar a la salvaje frontera de posibilidades significa que usted tiene que dejar de depender del estado protector de las prácticas normales y aceptadas. Todo en la vida está disponible para nosotros, pero no todos pasarán por lo que se requiere para ensanchar nuestras vidas y dar nueva forma a nuestro entorno para que podamos liberar nuestros instintos.

Visite su zoológico local, y allí podrá ver animales que viven en jaulas. Mientras el animal—digamos, un león—se queda en la jaula, sabe exactamente cuándo va a comer. Las jaulas son cómodas. Las jaulas son constantes. Proporcionan seguridad. Y, en general, son seguras. Y sin embargo, sospecho que a menudo dentro de nuestro enjaulado amigo de melena dorada hay una tentadora urgencia por ver qué hay más allá de la seguridad de su cálida cama y del"abrevadero conveniente"ente situado en la esquina de la jaula.

Para el animal nacido en cautiverio no hay términos de comparación. Sus necesidades son satisfechas y está seguro. "¿No es suficiente eso?", pueden preguntar muchos. Pero si la jaula fuera verdaderamente natural, ¿por qué debería permanecer cerrada? Los encargados cierran con llave las jaulas porque los animales son instintivamente atraídos por lo salvaje, aunque nunca hayan vivido en la jungla. El león anhela algo que puede no haber experimentado jamás, aun cuando sus necesidades estén satisfechas en la jaula.

Este es el rugido del empresario. No es que no pueda conseguir un trabajo y estar a salvo. Es que se siente atraído por la frontera más allá de la jaula. La comodidad de las actuales limitaciones puede ser segura, pero donde no se arriesga nada, por supuesto, no se gana nada. La mayoría de los innovadores creativos terminan migrando de la jaula familiar de los ambientes controlados a la salvaje y, sí, peligrosa frontera de la iniciativa empresarial.

Lo que entusiasme a sus instintos, será algo poderoso y persistente. Independientemente de adónde pueden conducir sus instintos, la pregunta sigue siendo la misma. ¿Tiene la valentía de adaptarse a la vida salvaje después de vivir en la jaula? O, para decirlo de otra manera, ¿qué hace usted cuando sus experiencias entran en conflicto con sus instintos? ¿Qué pasa si usted creció en el gueto, pero tiene instintos para los barrios residenciales? Este es el dilema del león. Si usted fue entrenado para un trabajo, pero tiene el anhelo de ser un empresario, siente su dolor. Si anhela estar en una relación estable y cariñosa, pero solo ha conocido rupturas y desengaño, usted ve a través de los ojos del león.

La jungla llama, pero la jaula conforta.

Incluso después de haber tomado la decisión de correr el riesgo, la lucha está lejos de terminar. En muchos sentidos, recién comienza. Si por alguna razón este animal, que no fue creado para estar enjaulado pero que lo ha estado toda su vida, es colocado en su hábitat natural—la jungla donde se supone que siempre debió estar—puede morir.

Aunque sus instintos siguen residiendo dentro de él y terminarán por salir a la superficie, esta transición al medio salvaje puede ser difícil o fatal si sus instintos naturales no se despiertan y son restaurados gradualmente. Dejar una jaula por la oportunidad de descubrir la libertad de su verdadera identidad no solo requiere abandonar la seguridad de atrás de las rejas, sino también aprender a aprovechar la jungla interior. Lo que es natural puede no sentirse normal, porque sus experiencias no coinciden con sus inclinaciones. No basta que algo sea natural para que se sienta normal cuando usted nunca ha tenido la oportunidad de explorar la verdadera esencia de sus instintos.

Jaulas y etapas

Imagínese lo importante que es conseguir que el león deje los ciclos de la jaula y reintroducirlo gradualmente a la primaria sensación de libertad. Esa mirada ansiosa a la libertad desde un trabajo estructurado o una carrera puede tentarlo con la idea de ser su propio jefe. Pero debo advertirte que la sensual noción de libertad puede ser una trampa seductora si usted no entiende que está entrando a un mundo que no es tan libre de preocupaciones como parece.

Nuevos depredadores, nuevas dietas y nuevas moradas lo esperan. Usted tendrá que aprender a cazar su propia presa y evitar ser la presa de otro. Aunque muchos de nosotros no estamos contentos en jaulas y nos sentimos atraídos hacia la jungla, nunca debemos subestimar la ferocidad de la libertad y el peligro del nuevo mundo de la autorrealización.

Los individuos instintivamente exitosos casi siempre han tenido que pasar por una metamorfosis para liberarse de sus hábitos de encierro. Y lo que es más importante, necesitan tiempo y entrenamiento para adaptarse y desarrollar los instintos que son esenciales para sobrevivir en el nuevo medio. Si el león necesita ese espacio de adaptación para desarrollar un instinto más natural, nosotros también tenemos que estar dispuestos a ser guiados y tutorizados aun cuando poseemos el instinto para crecer.

El bebé aun no nacido se encuentra en una jaula que llamamos vientre. Tiene ojos pero no puede usarlos, y una boca con la cual nunca ha comido. Ha sido innatamente equipado para un mundo al que no ha sido expuesto. Sus instintos innatos como succionar, ver, caminar y sentarse nunca han sido utilizados porque no existe ninguna oportunidad en su presente seguro y cálido capullo de desarrollo. Él debe nacer y entrar al mundo para descubrir los instintos imbuidos por su Creador.

Jaulas y vientres vienen en toda clase de formas y

tamaños. No tiene que ser un trabajo sin futuro estar en una jaula. Puede ser rentar como lo opuesto a ser propietario de una casa. Para algunos es el desesperado apego a la soltería, por temor a los excitantes riesgos del compañerismo íntimo. Muchos preferirían sentarse a una mesa para uno que arriesgarse a la incomodidad de sujetarse a la incertidumbre de estar en pareja. En ese nuevo ciclo de circunstancias, el costo de la admisión es el riesgo del rechazo y del abandono. Todos tenemos jaulas de confort que nos protegen, pero también nos aíslan y nos impiden descubrir no solo lo que se halla fuera, sino también lo que yace dentro.

El bebé no puede crecer y desarrollarse como un niño sano hasta que abandona el útero. Por fin nace y se convierte en algo más grande, y solo después de que se corta el cordón descubre dentro de sí instrumentos sin usar que acaban de ser activados. Creo plenamente que muchas personas en realidad nunca dejan los vientres de la simple supervivencia para salir al mundo más grande que se extiende a lo lejos. Ahora, usted debe entender que el nacimiento es traumático.

Una y otra vez repetimos el proceso. Pasamos del vientre a la familia, que también es un ambiente controlado que nos alimenta y nos sostiene. Para el tiempo en que nos adaptamos a nuestra familia, nacemos al mundo que nos rodea, y tenemos que activar los instintos de supervivencia ¡o regresar a la jaula de vivir en casa!

¿Podrá ser que los constructos sociales de mamá y papá solo conduzcan a la jungla de la escuela secundaria?

El bebé se convierte en el párvulo que se convierte en el niño que se convierte en el preadolescente que se convierte en el adolescente. Cada etapa incluye su propio destete hacia la siguiente fase. A menudo, el adolescente deja la familia magullado por el arrebato de rebelión en su intento de escapar de la identidad de "¿Quién soy yo para la familia?" y entrar en la jungla de "¿Quién soy yo para mí mismo?"

La rebelión tan frecuente a esa edad es el grito agitado de un adulto que emerge luchando por ir adonde sus instintos demandan, pero al mismo tiempo mortificado por la jungla del segundo vientre desocupado. Se otorga el diploma, se corta el cordón, y con un vehículo para desocupar el hogar, ¡él abre la puerta hacia la jungla! Pero, ¿está él listo?

Bienvenido a la jungla de conexión de instintos, los amigos de Facebook, y las feroces y extrañas expectativas de actuación pública. Los ámbitos independientes ahora requieren que se despoje de algunos comportamientos que él desarrolló en su último ambiente, y desarrolle instintos que lo capaciten para sobrevivir en la jungla.

Instinto para saltar

Bien, algunos son empujados, pero algunos temen la vida mediocre de andar en lo seguro y saltan a un destino expectante que ellos perciben internamente. Y, sí, se requiere de una cierta clase de persona para arriesgarse de esa manera. Curiosamente, estos tipos se convierten en las personas a las cuales terminamos leyendo, viendo en la televisión, escuchando en nuestros iPods, y siguiendo en Twitter. Son lo que yo llamo saltadores: personas dispuestas a saltar fuera de sus nidos, o salir corriendo de sus jaulas y en la caída libre de la jungla, donde deben sobrevivir por sus instintos.

Recientemente encontré una cita de un famoso saltador que resume su filosofía de vida instintiva: "Su tiempo es limitado, así que no lo desperdicie viviendo la vida de otra persona. No se deje atrapar por el dogma—que es vivir con los resultados del pensamiento de otras personas. No deje que el ruido de las opiniones de los demás ahogue su propia voz interior. Y, lo más importante, tenga la valentía de seguir su corazón y su intuición. De algún modo, ellos ya saben lo que usted realmente quiere llegar a ser. Todo lo demás es secundario".

Esta afirmación proviene de Steve Jobs, el visionario fundador de Apple, recientemente declarada la marca más reconocida en el mundo, superando a Coca-Cola por primera vez en la historia. ¿Sabe donde encontré el sabio consejo del señor Jobs? ¡En el Instagram de P. Diddy! Aunque suena loco considerar lo que tienen en común Steve Jobs, Sean Combs ["P. Diddy"], y T. D. Jakes, ¡por lo menos todos somos saltadores! Cada uno de nosotros nos arriesgamos dejando nuestras jaulas y aventurándonos a las junglas para descubrir cómo nuestros sueños pueden hacerse realidad.

Permítame darle otro ejemplo. Bob Johnson, quien desarrolló la red Black Entertainment Network (BET) en una empresa multimillonaria en dólares, no podía contentarse con sus logros. Tras invertir su tiempo, energía y recursos en el éxito rotundo de BET, ¿qué hizo después? ¡Lo vendió!

Se dio cuenta de lo que finalmente se dan cuenta todos los que están dispuestos a salir de la jaula: que entrar a la jungla no es un acontecimiento de una sola vez. Seguramente, cuando entró por primera vez a la televisión y consideró la posibilidad de iniciar un nuevo canal de cable dirigido a los afroamericanos, es probable que el señor Johnson se sintiera como si hubiera entrado a una jungla. Y, sin embargo, años más tarde, lo que una vez parecía una jungla se había convertido en otra jaula.

Así que Bob Johnson entró en una nueva jungla de esfuerzos más salvajes todavía: la compra de los Charlotte Bobcats, que después vendió a Michael Jordan, ¡otro saltador y algo más! Bienes raíces, inversiones, administración de activos, y filantropía, también se convirtieron en junglas para el señor Johnson. Teniendo en cuenta su disposición a entrar a una jungla tras otra, no es de extrañar que Bob Johnson se convirtiera en el primer multimillonario negro de nuestro país.

Él sabe lo que todas las águilas saben en el aire. Está bien tener miedo, ¡pero no deje que el miedo le impida volar! Y la descarga de adrenalina que viene de superar los propios temores es adictiva. Cuando usted sale de la rutina y entra en lo desconocido, su miedo es depurado por la experiencia y transformado a martillazos en herramientas de supervivencia en el yunque de la ansiedad.

Nunca estoy más apasionado por una pelea que cuando temo a mi oponente. El temor le enseña a usted a ser cauto, cuidadoso y concienzudo. También lo obliga a ser creativo, compasivo, y calculador. Muy a menudo, el temor se convierte en el combustible de su poder en la jungla. Como dice mi amiga Joyce Meyer: "¡Sienta el temor, y de todos modos hágalo!"

CAPÍTULO 9

✦

Instintos bajo presión

Los instintos bajo presión aplastan el carbono de la conformidad y crean diamantes. Cada nueva etapa de la vida nos ofrece entrenarnos para el próximo tiempo si prestamos atención y nos adaptamos. Si en este campo de entrenamiento que llamamos vida, aprendimos a sobrevivir con un empleo y así es como recibimos el sustento del sueldo, cuando algo le ocurre a ese trabajo somos arrojados al desierto del desempleo. Esta adaptación se siente de un modo muy similar a la del animal enjaulado enviado a la jungla. Nos preguntamos: "¿Cómo puedo comer en este ambiente? ¿Qué hago ahora? ¿Cómo me protejo a mí mismo y a mi familia?"

Cuando estamos colocados en una serie de circunstancias en las que tenemos que tomar la iniciativa y ser creativos, a algunos de nosotros nos resulta difícil la transición. Esas personas han sido entrenadas no para pensar sino para obedecer órdenes. Son esclavos del entrenamiento, inconscientemente prometieron lealtad al promedio. Recitan mentalmente el manual de la mediocridad.

Pero muy rápidamente descubren que a menudo las antiguas reglas no se aplican. En otras palabras, deben adaptarse. Deben convertirse en un aprendizaje rápido ¡o arriesgarse a convertirse en el plato de algún depredador! No es una cuestión de inteligencia, sino de adaptabilidad instintiva, lo que significa que usted puede no tener el entrenamiento o la experiencia que lo preparen para estos nuevos desafíos. Pero si usted no reconoce de inmediato los grandes cambios en las circunstancias de su entorno, la oportunidad para el crecimiento y el logro innovador se cierra.

Usted puede ser un líder y no saberlo. Podría ser innatamente una persona cálida, afectuosa, pero no ha tenido una oportunidad de desempacar lo que hay en su interior. Usted puede ser un artista, un padre, un sanador, un comunicador y simplemente no ha tenido todavía la oportunidad de adaptarse.

Las transiciones son usualmente un desafío. Pero lo que es interesante es que, aunque frecuentemente resistimos, nos quejamos, o nos volvemos irritables y lloramos como bebés, lo hacemos porque nos confunde el estar desestabilizados y obligados a descubrir nuevos conjuntos de habilidades. Si estamos dispuestos a confiar en nuestros instintos y actuar según ellos, la mayoría de nosotros puede adaptarse y reaclimatarse a los nuevos constructos sociales en que estamos insertos. Estoy convencido de que en el fondo, en última instancia, somos sobrevivientes, constantemente impelidos a nuevas junglas y redescubriendo perpetuamente capacidades latentes que no sabíamos que teníamos en nuestro interior.

El hecho de que usted puede estar experimentando problemas para activar esos instintos internos necesarios para la transición, sencillamente no significa que no los tiene para hacerlo. Usted debe darse cuenta de que sin importar cuán dotado era cuando recibió ingresos de una manera, eso no significa que no pueda descubrir la creatividad y la pasión para recibirlos de otra manera. O el hecho de que no ha vivido solo durante años no significa que usted no pueda deshacerse de la conducta aprendida en una relación anterior y encontrar su instinto para estar satisfecho en otro constructo social.

¿Alguna vez se preguntó cómo sería su vida si diera un paso fuera de lo que la gente espera de usted? ¿No es hora de salir de la jaula y averiguarlo? ¿Qué pasa si descubre algo no descubierto con anterioridad, algo que Dios puso dentro de usted para alimentar su propósito en la vida?

Nuestro Creador lo ha dotado, tanto intelectual como instintivamente, de diversas herramientas de supervivencia. Sobrevivir en la vida requerirá que usted las use todas. Lo que usted activa en un conjunto de circunstancias ahora tal vez tenga que ser anulado para adaptarse a un nuevo conjunto de circunstancias. Pero usted tiene el don, la capacidad, y la elasticidad de la fortaleza interna para desenterrar esos conjuntos de habilidades que son necesarias para el cambio, y para implementarlas en el siguiente movimiento.

El infierno del lamento

El que gana la carrera no puede correr con equipaje. Y una vez que usted sale no puede volver atrás, ¡porque los leones enjaulados no encajan con los libres! Si alguna vez va a ganar, usted tiene que renunciar al constructo social de la jaula y a todos los moradores de la jaula. Sean o no socios de negocios, activistas comunitarios, expertos políticos, o cualquier otro orden que tenga reglas habladas y no habladas, usted tiene que tomar su propia posición. Esto nunca es fácil.

No puedo decirle cuántas veces he sido ese animal que oye el sonido de la puerta abierta chirriante y por un momento queda paralizado en algunos aspectos. Y luego, con un corazón acelerado, doy un paso hacia un mundo en el cual el primer sonido aterrador que oigo es la misma puerta que se cierra detrás de mí. Muchas veces no conocía el suelo de la tierra que estaba a punto de explorar, pero sabía que el paso detrás de mí se había cerrado para siempre.

Esto sacude los nervios. Y, sin embargo, debemos considerar enfrentar nuestros miedos y preguntarnos lo que vamos a lamentar más. No tengo tanto miedo de morir como mucha gente. Aprendí muy pronto que la muerte es parte de la vida. Mi mayor miedo es no vivir antes de morir, ir a lo seguro de tal modo que aunque no corra ningún riesgo, tampoco disfrute ninguna recompensa.

Como ve, la carrera olímpica de temor en su interior no tiene sino dos contendientes. Uno de ellos es el miedo claustrofóbico de quedarse, y el otro competidor es el temor palpitante, liberador de adrenalina, de entrar en el mundo desconocido que tiene frente a usted. Esta carrera es especialmente reñida cuando los instintos lo llevan donde su historia lo abandona. Y ahí lo dejan solo con las aterradoras perspectivas de lo que percibe como extraño, y sin embargo, atrae a los instintos internos.

Vea, ¡yo tengo miedo de pasar mi vida entera con la deducción engañosa de que mi jaula es el mundo! Así que cuando la muerte repique y el timbrazo final de la vida termine estridentemente mi torneo, más trágicos que el fin de lo temporal serían los eternos e hipotéticos "¿Y si…?" Cuando considero un destino tal, el infierno del lamento chamusca mi alma. La angustia desesperante de preguntarme lo que podría haber sido o hecho si hubiera tenido la valentía de liberarme de conductas aprendidas y de las jaulas que la vida impone, ¡es realmente el viento bajo mis alas!

No estoy hablando solo de las jaulas del llamado y las carreras, sino de algo mucho más significativo: la jaula del pensamiento encerrado. La santidad de lo ortodoxo, que sucumbe a vivir en la tierra de lo promedio, parece un desperdicio masivo de voluntad e ingenio.

Al instinto le gustan los desafíos

Estamos acostumbrados a basar nuestras decisiones en las experiencias del pasado y de repente nuestros instintos nos tironean hacia algo tentador y aterrador a la vez. No podemos negar nuestra atracción instintiva, y sin embargo, estamos inquietos ante lo desconocido. Nada en nuestro repertorio de logros y habilidades, ni nuestra familia, nuestro entrenamiento, nuestra educación, o nuestras experiencias nos ha preparado, y sin embargo, nos sentimos instintivamente atraídos hacia algo que nos entusiasma, nos impacta, nos energiza y nos deja temblando en nuestras botas.

Según mis experiencias y las de muchos otros, al instinto le gusta más un desafío que la comodidad. Nuestros instintos prefieren llevarnos a enfrentar lo desconocido que vernos encoger en el rincón de nuestra jaula. Cuando estamos comprometidos a cumplir nuestro destino, nuestro instinto nos aleja de la autocomplacencia y nos lleva hacia la satisfacción.

Un interno que sale de la cárcel sin duda debe sentir esta extraña mezcla de entusiasmo y miedo cuando camina por última vez desde la puerta de su celda atravesando las puertas de los terrenos de la prisión. Lo que para él había llegado a ser familiar, normal y de rutina, ahora debe ser dejado atrás. Debe empezar de nuevo. Y aunque esté eufórico por la restauración de su libertad, también debe abrirse su camino en una nueva jungla que ha crecido irreconociblemente desde que la conoció antes. De hecho, muchas personas que están en libertad condicional y exreclusos se ven tan presionadas tratando de aclimatarse al exterior, que con frecuencia terminan volviendo a la delincuencia.

¿Cometen un delito con la esperanza de regresar al confinamiento de una celda? Probablemente no de modo consciente, pero uno se lo pregunta al mirar el índice de reincidencia. Incluso el encarcelamiento literal y físico puede parecer preferible al temor de aprender a vivir fuera de los muros de la prisión.

Aunque nunca hayamos enfrentado el confinamiento físico, la mayoría de nosotros podemos identificarnos. No importa si se trata de una nueva carrera, un nuevo matrimonio, una nueva etapa de soltería, el lanzamiento de un nuevo negocio. Cuando empezamos algo siguiendo nuestros instintos, probablemente nos veamos forzados a dejar nuestra jaula de comodidad y autocomplacencia.

Todo es más grande en Tejas

Yo afronté este mismo dilema cuando tomé la decisión de trasladar a mi familia y al ministerio desde Charleston, West Virginia, donde había crecido y vivido toda mi vida, a Dallas, Tejas, que yo probablemente conocía más por la televisión y las películas que por mi propia experiencia. Todavía no estoy muy seguro de cómo se produjo. Me interesé en la zona de Dallas porque había oído que allí mucha gente asistía a la iglesia con regularidad (no siempre ocurre eso en las zonas urbanas) y estaban abiertos a unirse a una nueva comunidad cristiana. También había oído que la propiedad era relativamente asequible para un área urbana tan grande.

Irónicamente, en realidad yo le había dicho a un amigo mío, otro pastor, que él tenía que trasladarse a Dallas y comenzar una iglesia allí. Pero después de una consideración reflexiva y en oración, él terminó yendo en otra dirección. Y sin embargo, la idea de este lugar que yo le había recomendado me perseguía. Comencé a preguntarme cómo era realmente Dallas. Aunque había pasado por allí una o dos veces, sabía muy poco sobre la gente, la cultura, los gustos y el estilo de vida de los tejanos. Y sin embargo, no podía dejar de pensar en mudarme a la zona de Fort Worth, Dallas. Seguía siendo una atracción cautivadora, una que finalmente no pude ignorar.

Cuando fui a Dallas y visité la potencial propiedad para una nueva iglesia, le pregunté al dueño si podía estar unos minutos a solas en el edificio y él estuvo de acuerdo. Allí, en la resonante bóveda de una estructura mucho más grande que toda nuestra iglesia de West Virginia, le pregunté a Dios si era allí donde él me quería. No pasó mucho tiempo antes de que percibiera que su presencia se incrementaba, y todo lo que oía en mí era: "Sí".

Aun con esta sensación del llamado y la bendición de Dios sobre la mudanza, seguía sintiéndome temeroso. ¡Había vivido en West Virginia toda mi vida! No solo dejaba mi iglesia para plantar una nueva, sino que estaba dejando un estilo de vida y una cultura por otros. El área metropolitana de Fort Worth, Dallas, incluía a más de dos millones de personas en ese tiempo: ¡alrededor de veinte veces más que Charleston! ¿Y cómo se llevarían los tejanos con un extraño afroamericano que se mudaba a su territorio? Si todo es más grande en Tejas, ¿eso incluiría los prejuicios y la hostilidad?

Con creciente inquietud, me angustié por esta decisión. Anduve por la jaula que me contenía y pregunté si me atrevía a poner un pie en la jungla tejana que se abría ante mí. Si me quedaba, lamentaría no explorar esta oportunidad, preguntándome por siempre: "¿Y si...?" ¿O añoraría la cómoda seguridad de mis raíces humildes y lamentaría mi osadía cuando enfrentara la inevitablemente adversidad?

Mudarnos incluía desplazar a mi esposa e hijos, y llevar con nosotros a mi madre, que había vivido más de seis décadas en la misma zona. Íbamos a dejar la calidez pueblerina de nuestra acogedora comunidad y lanzarnos con nuevas alas. Pero, ¿volaríamos? ¿O aletearíamos por un momento antes de estrellarnos contra el suelo?

Era un riesgo enorme, pero tenía que correrlo. Tenía que dejar mi jaula. No solo sentía que Dios me inducía a hacer el movimiento, sino que algo dentro de mí sabía que era allí donde yo pertenecía—aunque no sabía exactamente por qué. Huelga decir que nunca me he arrepentido de mi decisión de seguir mis instintos y mudarme a Dallas. Por el contrario, descubrí que mi mudanza no solo era una puerta abierta para mí, sino que, de hecho, era la intersección del destino de miles, sino millones de personas cuyas vidas cambiarían para siempre, todo por liberarme del temor y armarme de valor para extenderme más allá de mi comodidad.

Instinto de volar

Cuando nos encontramos en la encrucijada entre al menos dos direcciones diferentes, a menudo entramos en pánico. Se siente como una situación sin salida. Después de que nuestros instintos han sido agitados por una visión, una vislumbre, un susurro divino dentro de nosotros, no podemos ignorar la decisión. O, si lo hacemos, eso en sí mismo se convierte en una decisión que sabemos que pronto lamentaremos. Cuando nuestros instintos nos impulsan magnéticamente en una dirección particular, he experimentado que lamentaremos no haber seguido ese impulso. ¡Parados en la encrucijada podemos sentirnos como atrapados en la mira!

Pero estoy convencido de que es mucho más productivo, satisfactorio y vigorizante haberse arriesgado a hacer un nuevo intento y fracasar, que no correr riesgos y quedarse en el statu quo. Cuando un águila madre siente instintivamente que sus aguiluchos ya están listos para volar, deshace el nido con el pico empujándolos fuera con una orden de desalojo que parece muy cruel. Su jueza los desplaza de su nido con el pico y los empuja hacia el borde. ¿Alguna vez usted ha sido empujado hasta el borde?

En la llanura que visité, vi águilas planeando en el viento. Fue asombroso para mí darme cuenta de que, lo que ahora parece tan natural, en una ocasión fue un momento de gran terror. Cuando era joven esa águila fue empujada hasta el borde. ¡El pico de su madre no dudó en tirarla al borde del precipicio!

Los resultados producen una belleza sorprendente, pero en el momento de cruzar del nido a la naturaleza, ¡la visión lo haría llamar a la comisión de derechos de los animales y presentar una queja por abuso! Obviamente, la madre no está siendo cruel con sus pichoncitos. Por el contrario, los está empujando al incómodo lugar del descubrimiento. Ella sabe que el nido solo era la encrucijada por medio de la cual iban a crecer y a desarrollarse. Si se asentaran en lo temporal, sería a expensas de lo permanente.

Bueno, me dijeron que los pajaritos casi se mueren de susto, e inicialmente comienzan a batir las alas por el terror, aleteando frenéticamente para protegerse de lo que parece la muerte inevitable. Pero la agitación de su temor es el origen de un descubrimiento. Su instinto de volar es liberado con gran peligro y temor.

En los vientos tempestuosos y el peligro inminente, ellos encuentran que las alas que nunca usaron en su cómodo nido anterior, son útiles en la caída y dan origen al vuelo. Para asegurarse de que no van a volver al nido, ella sacude el nido con el pico de modo que las astillas espinosas sobresalgan y hagan que les resulte imposible hallar comodidad donde una vez descansaron.

No puedo decirle a usted cuántas veces me he visto forzado a encontrar mis alas por la incomodidad de permanecer en donde estaba. Me he sentido como un aguilucho más de una vez, expulsado muchas veces por circunstancias que no podía controlar. He gritado interiormente mil razones por las cuales el tiempo no era correcto o yo no estaba preparado. Si usted es como yo, se dice a sí mismo: "¡Pero yo no tengo la experiencia o la formación o la educación o las relaciones o los recursos necesarios para dar un salto tan peligroso!".

Todo lo cual puede ser cierto. Pero hay ocasiones en que tenemos que hacer caso omiso de los datos y distanciarnos de nuestras dudas, si es que vamos a lograr mayor velocidad hacia las metas que rugen dentro de nosotros. Debemos seguir nuestro instinto de volar.

✦

CAPÍTULO 10

Los instintos marcan el ritmo

Una vez que haya superado algunos de sus temores y salido de la jaula (o del nido), usted deberá seguir volando. Una vez que haya vencido ciertas limitaciones, nunca se detendrá. Los sueños pueden volverse más grandes, los desafíos más abrumadores, las oportunidades más electrizantes, pero su viaje por la selva de la vida nunca acaba. Una vez que usted llega a dominar la nueva selva, termina pareciéndole demasiado doméstica. Eso da paso a nuevas oportunidades y la nueva selva siempre está delante de usted.

Sin embargo, a veces la clave para seguir sus instintos al siguiente nivel de éxito está en el ritmo. No es solo una cuestión de cuándo saltar, sino de su ritmo a medida que realiza la transición a la próxima nueva jungla. O, piénselo de esta manera: las águilas pueden ser saltadoras, ¡pero los leones no! A veces debemos salir de la jaula dando pasos graduales en vez de saltar repentinamente a la jungla.

Cuando los entrenadores reintroducen en la selva a los leones domesticados, lo hacen gradualmente. Los leones salen de sus jaulas y pasan tiempo en su hábitat natural antes de regresar a las jaulas; después, se aventuran a salir por un tiempo mayor en su próxima excursión con los entrenadores. Finalmente, se quedan en la selva y no regresan a la residencia doméstica que una vez los contuvo.

Este modelo funciona igual de bien y es, obviamente, más cauteloso y quizás más práctico para muchas personas que quieren seguir sus instintos fuera de la jaula. Por favor comprenda que yo no abogo por correr riesgos tontos y cerrar puertas y quemar puentes sin ningún indicio de apoyo del cual percibir su sustento. Una cosa es asumir un enorme riesgo, ¡pero otra cosa es vivir en la selva el primer día!

Así que a veces damos un paseo fuera de nuestra jaula, exploramos el terreno, volvemos a nuestra jaula por un tiempo, volvemos a explorar la jungla, y así sucesivamente hasta que podamos abrirnos camino en la tierra salvaje, y forjar algo semejante a un camino a seguir. Para decirlo de otra manera, debemos mirar adelante y anticipar lo que podemos manejar. Las Escrituras nos dicen que debemos considerar el costo antes de construir nuestra casa, y lo mismo ocurre con dejar la jaula. Si usted sabe que no tiene recursos que lo sustenten durante el primer año y más allá, no deje su trabajo para explorar la jungla de su pasión instintiva. En vez de eso, inicie un negocio extra o tome una clase; encuentre un mentor o sea voluntario en una organización que gire en torno a sus intereses.

Este es un modelo más seguro para salir de su jaula, y equilibra las realidades externas de sus responsabilidades con el incesante anhelo de sus instintos internos. Cuando usted da pasos de bebé, descubre la fuerza de sus piernas antes de intentar correr. Sigue estando en una cuerda floja, pero si se cae hay una red de seguridad.

Aunque yo he hecho mi parte saltando, también he practicado este método más gradual. Cuando nos mudamos a Dallas, el primer par de meses continué predicando en mi iglesia de West Virginia antes de volar a mi nueva iglesia hogar y predicar allí. Muchos fines de semana, estaba en un púlpito de Charleston el domingo por la mañana, y en otro púlpito de Dallas el domingo por la noche. No fue fácil, pero proveyó cierta red de seguridad mientras me preparaba para dejar atrás la seguridad de mi vida pasada.

Usted puede ser entusiasta en proseguir adonde sus instintos lo conducen sin dejar de ser práctico. Por favor comprenda que seguir sus instintos no significa que usted tenga que hacer una salida drástica de todo lo que actualmente considera su jaula. Mis amigos de la editorial me cuentan cuántas personas con las que se encuentran renuncian a sus trabajos fijos para poder escribir best-sellers—aunque no saben nada sobre publicación, ¡y muy poco sobre escribir!

Del mismo modo, mis amigos del mundo de la música describen a personas que dejan todo antes de haberse preparado para la realidad de su nueva jungla, mientras compiten por oportunidades para actuar y por la atención de los productores. Así que mire antes de saltar. A veces es mejor quedarse en la jaula hasta después de la hora de comer ¡en vez de arriesgarse a morir de hambre en la jungla!

Es perfectamente normal estar aterrado de hacer cambios. Y es perfectamente normal tropezar, caer, y tener que levantarse una y otra vez mientras usted se abre camino a través de su nuevo entorno. Sin embargo, ¡no se apresure cuando no tenga que hacerlo! Y no queme puentes detrás de usted—¡bastantes de ellos se prenderán fuego por sí mismos! Cuando usted pierde su trabajo, no tiene más opción que entrar a la jungla. Pero si usted no tiene que cerrar la puerta de la jaula, déjela entreabierta para poder retirarse allí cuando lo necesite.

No hay vuelta atrás

Aunque pueda ser aterrador, a veces la mejor cosa que nos puede pasar en el mundo es que la puerta de la jaula se cierre de golpe. Cuando la puerta se cierra en el ayer, debemos poner nuestras energías para el hoy. Cuando no podemos volver, ¡estamos forzados a seguir adelante! Sin la seguridad de la jaula tentándonos a revertir el curso, tenemos que traer todo lo que somos—nuestra creatividad, resiliencia, innovación e ingenio—a la nueva jungla.

Una de las mejores cosas que les ocurrieron a los hijos de Israel fue cuando Dios cerró el Mar Rojo después de su triunfante éxodo de Egipto. El agua se abrió ante ellos para que pudieran escapar, pero también se cerró tras ellos, lo que les impidió regresar. Y después, en el transcurso de los cuarenta años que tardaron en llegar a la Tierra Prometida, muchos de ellos refunfuñaron y se quejaron de que sus vidas eran mejores en Egipto—¡pese al hecho de que habían sido esclavos allí! Pero llegar a este punto de no retorno los obligaba a depender de Dios, de su provisión, y unos de otros, de manera que regresar a Egipto—o ir inmediatamente a la Tierra Prometida— no podría haberse logrado nunca.

Cuando recientemente decidí traer Megafest a Dallas, me enfrenté a escalofriantes aguas inexploradas propias. Habían pasado más de cinco años desde la Megafest anterior en Atlanta, y mucho había cambiado. Más del 50 por ciento del personal que había ayudado en Atlanta se había mudado a nuevas oportunidades y nuevas zonas. La mayoría de los miembros de mi iglesia no habían presenciado ni experimentado Megafest desde adentro.

Tantas preguntas, muchas de logística, se levantaban ante mí, mientras me preparaba para traer este evento espectacular al lugar que ahora llamo hogar. ¿Podrían los sistemas de transporte público hacer frente adecuadamente a la afluencia de decenas e incluso cientos de miles de personas? Atlanta ha tenido durante mucho tiempo su sistema de transporte público MARTA, que funcionó con bastante eficacia al transportar a los asistentes a nuestros lugares, pero el sistema DART de Dallas ¿manejaría igualmente bien la afluencia?

Atlanta atrajo a muchas personas del sur, este y medio oeste porque se hallaba a la distancia de un día en coche de Charlotte, Birmingham, Nashville, y Jacksonville. No sería lo mismo para estas personas venir a Dallas. ¿Vendrían igualmente?

Mucha gente veía que estábamos celebrando Megafest en Dallas y suponían que era una cosa segura, una especie de decisión obvia. ¡Pero lo que muchos no advertían era que yo me sentía más vulnerable, más temeroso, más inseguro, haciéndolo aquí que en ningún otro lugar! Si fracasaba estrepitosamente, sería en mi patio trasero, sus defectos serían el centro de atención para quienes más me conocían: mi iglesia, mi comunidad y mi ciudad. ¡Esto era vulnerabilidad a la décima potencia!

Así que mi equipo y yo no dimos nada por sentado. Trabajamos mucho más duramente para hacer de Megafest en Dallas un éxito mayor que el que tuvimos antes en Atlanta. En los días previos al evento, viajé extensamente para promoverlo: Londres, Australia, Nueva York, Chicago, y a lo largo de nuestro país. Realicé entrevistas con los medios en los programas *Today*, *Entertainment Tonight*, y todos los grandes periódicos, revistas y sitios en línea en que pude estar. Yo sabía que debía hacer todo lo que estuviera a mi alcance para asegurar el éxito; no podía dar nada por sentado—ciertamente tampoco los éxitos del pasado.

Cuando no haya retorno, sus instintos lo llevarán hacia adelante.

Tropiezo hacia el éxito

Cuando usted salga de la jaula, la transición a la jungla sin duda será un desafío. Usted da unos pasos hacia adelante y unos hacia atrás. Tropieza y cae y vuelve a pararse. Tal es la forma en que aprendemos a inclinarnos hacia adelante y a seguir tropezando hacia el éxito. Para el bebé recién nacido, así como para una madre primeriza, los primeros intentos de cuidado pueden terminar en dolorosa decepción para ambos. El bebé tiene que aprender a recibir la alimentación desde el pezón cuando se lo ofrece. La madre tiene que aprender a tener paciencia y resistencia mientras pasa los nutrientes de su leche a su hijo.

En otras palabras, es totalmente normal luchar mientras sale de la jaula y se aclimata a la nueva selva que tiene delante. Los niños pequeños normalmente tropiezan, trastabillan, y caen antes de aprender a caminar. Pero siguen poniéndose de pie y tambaleándose hacia adelante hasta que ya no tienen que pensar en mantener el equilibrio. Del mismo modo, cuando se aprende a andar en bicicleta, ya sea como niño o adulto, uno está sujeto a perder el control y estrellarse hasta que las complejas habilidades simultáneas lleguen a ser una segunda naturaleza.

Mucha gente no es admitida en la universidad, no la aceptan en el Colegio de Abogados, o no obtiene la licencia en su campo hasta después de varios intentos fallidos. Pero ellos perseveran, sin inmutarse, más sabios y más determinados a alcanzar su meta de lo que estaban durante el intento previo. Mi mamá siempre decía: "El mundo es nuestra universidad y todo el que te encuentras es tu maestro. Cuando te despiertes cada día, ¡asegúrate de ir a la escuela!"

No importa cuántas veces ha fallado; lo que importa es lo que usted aprendió cada vez que volvió a ponerse de pie. ¿Perder ese trabajo hace unos años le ayudó a descubrir el tipo de ambiente de trabajo donde puede prosperar? ¿La audición para ese papel que no consiguió lo hizo más decidido a practicar mucho más la próxima vez? ¿La declaración de quiebra de su negocio hogareño lo capacitó para administrar mejor las finanzas para su nueva empresa? Cada vez que usted falla, hay una pista para su éxito futuro.

¡Necesitamos fallar valientemente si queremos tener éxito extravagantemente! Frecuentemente la gente exitosa no revela sus fracasos, ¿y por qué deberían hacerlo? No podemos culparlos por no querer exponer sus errores, especialmente cuando han superado claramente esos obstáculos para llegar a la cumbre de sus montañas particulares. Pero debemos recordar que la persona que pasa zumbando a su lado mientras usted lucha por seguir pedaleando ¡tiene las rodillas tan raspadas como usted! Las personas exitosas siguen sus instintos más allá de las emociones de sus fracasos.

Los instintos transforman los fracasos

Permítame compartir una de las experiencias más educativas de mi vida—o para decirlo de otra manera, ¡uno de mis fracasos más espectaculares! Al principio de mi carrera como pastor, decidí poner en escena una producción de mi obra Gospel basada en mi libro *Mujer, ¡eres libre!* y llevarla de gira. ¡Hablemos de una comedia de errores! ¡Casi todo lo que podía salir mal salió mal!

Yo estaba tratando de predicar al mismo tiempo que se abría el espectáculo, dividiendo mi atención y manteniéndome estresado en el escenario y en el púlpito. Los ensayos eran desastrosos, las acciones torpes y parecían carentes de fluidez. La venta de entradas era tan mala que tuvimos que regalar un gran número a último momento para llenar el auditorio que habíamos reservado. Pronto me di cuenta de que había contratado a la gente equivocada y terminamos despidiendo a algunos de ellos la misma semana en que abrimos.

Sencillamente había mucho que yo no sabía acerca de cómo iniciar un espectáculo y mantenerlo. Yo no sabía que se abre en mercados pequeños para solucionar los problemas antes de llevarlo a grandes ciudades. No tenía ni idea de cómo comercializar y promocionar con eficacia esta clase de emprendimiento dramático. No sabía qué gente contratar y cuál evitar, o cuáles lugares eran mejores que otros y cuáles evitar por completo ¡debido a la forma en que le arrancarían la cabellera!

Esta experiencia presentó una gran oportunidad para darse por vencido. Yo había invertido en ella mi propio dinero y no podía solventar mantenerla en función durante mucho tiempo. No tenía la capacidad de ascender la empinada curva de aprendizaje que seguía elevándose ante mí. Y, sin embargo...No podía permitirme parar. Me encantó ver cobrar vida en un escenario a una historia imaginada por mí. Me sentía obligado a compartir un mensaje a una audiencia hambrienta de esperanza. No era solo la inversión financiera y emocional en el espectáculo, era la inversión en mi futuro lo que no podía permitirme abandonar.

Así que supe que tenía que encontrar una forma de seguir adelante, de una manera u otra. ¿Ha oído el dicho "Fíngelo hasta que lo logres"? Bueno, ¡yo "tuve fe" hasta que lo logré! Aprendí de la manera difícil cómo hacer cambios de elenco en el último minuto y la forma de comercializar obras de teatro y vender entradas para que el elenco pueda percibir su pago. Aprendí sobre iluminación, música, acústica teatral, y la diferencia entre actores aficionados y profesionales.

También conocí a un joven dramaturgo y actor llamado Tyler Perry que estaba de gira con una obra propia, *I know I've Been Changed* (Sé que he sido cambiado). Después de sorprenderme por su destreza con el lenguaje, la narración de historias y la actuación, pedí una reunión con él y le solicité que me ayudara con el guión de mi propia obra. Él gentilmente accedió, y formamos una amistad y una relación profesional que continúa hasta hoy.

Al trabajar con Tyler, me di cuenta de que a menudo cuando usted está trabajando para salir de la jaula, debe seguir a una persona que ya esté a unos cuantos pasos adelante. Estos osados ya saben dónde encontrar agua, dónde buscar comida, y qué evitar en la jungla. A menudo lo ayudarán si usted pregunta y les permite impartirle la sabiduría que han adquirido en la selva.

Como puede ver, aprendí mucho de esa serie de errores dolorosos y fallas frustrantes. ¿Debería haber abandonado después de esa primera función desastrosa? ¡Probablemente! Pero, ¿podía yo abandonar? No, mis instintos no lo permitirían.

Y por una buena razón. En ese entonces yo nunca podría haber imaginado que ahora, más de tres décadas después, estaría haciendo películas, asesorando sobre guiones, seleccionando elencos, lugares de rodaje y presupuestos. La euforia que sentí en el estreno de mi primera película importante *Mujer, ¡eres libre!*, no podría haber ocurrido jamás si me hubiera dado por vencido. Si hubiera seguido la lógica, habría perdido mucho más que la educación que solo puede venir de los errores y de la escuela de la experiencia. Seguir mis instintos, incluso a través de lo que parecía ser el valle de sombra, pero que en realidad era solo una nueva jungla, me llevó a ejercer mis dones.

Todos los ojos sobre usted

Nunca olvidaré estar en un safari y sentarme bajo el cielo nocturno con miles de brillantes estrellas reluciendo como diamantes encima de nosotros. Puesto que no había fuentes de iluminación artificial—sin luces en las calles, rascacielos, carteleras publicitarias, o centros comerciales—la oscuridad parecía más espesa y más profunda, lo cual hacía que la luz de las estrellas pareciera más brillante.

Ocasionalmente se oían sonidos débiles desde los arbustos que nos rodeaban, pero en general se sentía tranquilo y relativamente silencioso. Es decir, ¡hasta que nuestro guía alumbró nuestro campamento con su linterna en una barrida de 360 grados! Cuando su haz penetró el follaje circundante de los arbustos africanos, decenas de ojos luminiscentes nos miraron. Una cosa es saber que esas criaturas están ahí fuera, ¡pero yo le digo que es otra distinta tenerlos mirándolo a uno! Ellos nos estaban vigilando, examinando cada movimiento, preparados para luchar o huir, según nuestras acciones.

Una vez que usted deje su jaula, también será vigilado y examinado por decenas de personas. Mientras se vaya desenjaulando e integrando a su última jungla, habrá muchos detractores, críticos y escépticos. Pero no olvide: como los ojos brillantes que nos miraban en mi safari, la mayoría de ellos no le hará daño físicamente. Pueden asustarlo y hacer mucho ruido y aumentar su ansiedad, pero en última instancia, usted debe ignorar sus miradas y permanecer concentrado en crear su propia senda.

Una vez que entre en la jungla de su nuevo emprendimiento, algunas personas estarán celosas mientras que otras se sentirán amenazadas o intimidadas. Algunas querrán competir y comparar, y otras tratarán de cercarlo y capturarlo. En medio de tanta adversidad, usted debe dejar de lado el peligro que representan y seguir sus propios instintos.

Cuando otros ofrecen consejo, crítica, o instrucción, usted debe escuchar, considerarlo, y tenerlo en mente. Pero en última instancia, usted solo puede seguir sus propios instintos y no los de otra persona. Steve Jobs tenía razón. Usted no debe vivir la vida de ningún otro sino la suya propia. ¡Usted debe volar con sus dos alas!

CAPÍTULO 11

⊰◊⊱

Inversiones instintivas

Cuando usted sigue sus instintos, invierte en su éxito futuro. Como he compartido, este instinto para crecer no es cuestión de dólares, sino de sueños. No es que los dos sean mutuamente excluyentes, ni mucho menos—no, en absoluto. Pero la mayoría de la gente mide el éxito instintivo controlando libros de contabilidad, inversiones en acciones, rentas vitalicias y posibilidad de compra de acciones. Algunos piensan que su instinto para crecer es cuestión de beneficios y no pérdidas. Muchos más suponen que el éxito basado en el instinto es cuestión de las casas en que vivimos y los coches que conducimos. Ellos confunden las baratijas del éxito con el éxito mismo.

Otros definen el crecimiento por el tanto: un jonrón en un campo de béisbol, o un tiro de tres puntos desde fuera del área en una cancha de básquetbol. O podrían ser las celebridades que usted haya conocido, o los títulos que haya obtenido, o las empresas que haya comenzado. Sin embargo, unos pocos se dan cuenta de que los instintos son más que astutas inversiones y adquisiciones, sumar puntos o tantos.

Mire, nunca se trata del dinero; *se trata de la confianza que usted ganó mientras lo conseguía.* Nunca se trata del premio; se trata de lo que requirió obtener el premio. No se trata del dividendo; se trata de la sensación de euforia por haber invertido sabiamente. En resumen, mi amigo, lo que importa no es el destino: ¡es lo que usted ve y aprende mientras llega allí! Se trata de la inversión de sus instintos en el crecimiento y el éxito futuros, no solo de los dividendos percibidos.

El instinto multiplica el éxito

Recientemente mientras leía la Biblia, encontré un relato que realmente me hizo tomar conciencia. Ahora, yo no pretendo saber todo lo que Jesús se propuso que recogiéramos de esta historia que estoy a punto de compartir. Pero algunas de las verdades que extraje del texto pueden ayudarlo a darse cuenta de que en verdad somos licitadores del suelo.

Sea usted es Adán en el Jardín del Edén o un inversor en Wall Street, hay una expectativa de que usted será lo suficientemente responsable como para tomar lo que le ha sido dado ¡y seguir cultivándolo y desarrollándolo lo mejor que pueda! Vamos a considerar las lecciones de esta polifacética obra maestra.

El reino de los cielos será también como un hombre que, al emprender un viaje, llamó a sus siervos y les encargó sus bienes. A uno le dio cinco mil monedas de oro, a otro dos mil y a otro sólo mil, a cada uno según su capacidad. Luego se fue de viaje. El que había recibido las cinco mil fue en seguida y negoció con ellas y ganó otras cinco mil. Así mismo, el que recibió dos mil ganó otras dos mil. Pero el que había recibido mil fue, cavó un hoyo en la tierra y escondió el dinero de su señor.

Después de mucho tiempo volvió el señor de aquellos siervos y arregló cuentas con ellos. El que había recibido las cinco mil monedas llegó con las otras cinco mil. "Señor—dijo—, usted me encargó cinco mil monedas. Mire, he ganado otras cinco mil." Su señor le respondió: "¡Hiciste bien, siervo bueno y fiel! En lo poco has sido fiel; te pondré a cargo de mucho más. ¡Ven a compartir la felicidad de tu señor!" Llegó también el que recibió dos mil monedas. "Señor—informó—, usted me encargó dos mil monedas. Mire, he ganado otras dos mil." Su señor le respondió: "¡Hiciste bien, siervo bueno y fiel! Has sido fiel en lo poco; te pondré a cargo de mucho más. ¡Ven a compartir la felicidad de tu señor!"

Después llegó el que había recibido sólo mil monedas. "Señor—explicó—, yo sabía que usted es un hombre duro, que cosecha donde no ha sembrado y recoge donde no ha esparcido. Así que tuve miedo, y fui y escondí su dinero en la tierra. Mire, aquí tiene lo que es suyo." Pero su señor le contestó: "¡Siervo malo y perezoso! ¿Así que sabías que cosecho donde no he sembrado y recojo donde no he esparcido? Pues debías haber depositado mi dinero en el banco, para que a mi regreso lo hubiera recibido con intereses.

"Quítenle las mil monedas y dénselas al que tiene las diez mil. Porque a todo el que tiene, se le dará más, y tendrá en abundancia. Al que no tiene se le quitará hasta lo que tiene".

—*MATEO 25:14-29, NVI*

Esta historia ejerce un potente impacto al mostrarnos cómo debemos aprovechar las oportunidades que se nos han dado y tener el coraje de avanzar paso a paso hacia lo desconocido. Debemos facilitar el poder no explotado de nuestras posibilidades y maximizar cada don y gracia que se nos da. Debemos incrementar la asignación que se nos ha dado y dejar cada situación mejor de lo que estaba antes de que nos la confiaran.

Imagínese cuán sorprendidos deben de haber estado

los discípulos de Jesús al escuchar un concepto increíble: ¡que un hombre lo suficientemente rico como para tener siervos dejara su riqueza a cargo de los criados! Esta es una noción asombrosa en cualquier sociedad, pero se vuelve aun más impactante cuando usted considera que durante la vida de Jesús la gente nacía en un estricto sistema de casta. La mayoría de la gente entonces, usualmente creía que los ricos tenían derecho a liderar en virtud de su derecho de nacimiento, mientras que los menos-que debían asimismo aceptar su suerte en la vida. La noción de ayudar a otros para que alcancen un puesto más alto no era popular; ¡ni mencionar la idea de que un amo pudiera confiar sus bienes a los esclavos para tenerlos a buen recaudo!

Por ejemplo, considere cuando el hijo pródigo le dice a su padre: "Trátame como si fuera uno de tus jornaleros" (Lucas 15:19). Da a entender su disposición a ser despojado de todo los derechos a la herencia y ocupar un puesto menor en la vida a cambio del derecho de volver a casa. Aun Jesús mismo dijo una vez: "A los pobres siempre los tendrán con ustedes" (Marcos 14:7). Parece haber poca expectativa más allá de la benevolencia dada a los pobres. Ciertamente, no hay oportunidad de cambiar posiciones en la vida o administrar inversiones.

Sin embargo, en esta historia, la riqueza ha sido transferida—al menos desde una perspectiva de administración—desde los que tienen a los que no tienen, de una manera gráfica y profunda. El amo no solo delega su riqueza, ¡sino que después se despide! Incluso con el actual énfasis en la igualdad tan necesaria, ¡no conozco demasiadas personas que se vayan de vacaciones y dejen su riqueza en manos de la mucama o el jardinero!

¿Por qué sugeriría Jesús una posibilidad tan contracultural, e ilógica? Los esclavos del amo no tenían ninguna experiencia en el manejo de negocios. No tenían capacitación en inversiones o riqueza. ¿Por qué arriesgarlo todo con alguien que no tiene nada?

Para responder esta pregunta, lo desafío a considerar cómo enfatiza esta parábola el poder de los instintos y su correlación directa con nuestro estatus y nuestras normas de vida.

Recompensas relativas

A cada siervo se le da una porción—no partes iguales, pero los tres reciben algo. Un hombre recibe cinco piezas de oro, el segundo recibe dos piezas de oro, y el tercero recibe una pieza de oro. Cuando el amo regresa, pide que den cuenta de lo que hicieron con lo que tenían. El hombre que tenía cinco informa un aumento a diez: un aumento del cien por ciento. El siguiente, que recibió dos, informa que él, también, ha duplicado su dinero y ahora tiene cuatro.

Pero el último siervo no aumentó ni disminuyó el único talento que se le había confiado. La historia concluye dejando en claro ¡que el amo estaba bastante enojado por la forma en que este último siervo manejó lo que se le había dado! Todos los demás tenían un aumento del cien por ciento. Menciono este contraste por varias razones.

Primero, debemos darnos cuenta de que cada vez que se nos da una oportunidad, no importa cuál sea el ámbito, se espera que produzcamos cierto nivel de incremento. Sea esa oportunidad monetaria, como lo era en la historia mencionada antes, o se trate de una oportunidad intangible, hay una responsabilidad que no puede ser ignorada.

¿Qué va a hacer usted con lo que le ha sido dado?

El segundo elemento que usted debe considerar es que pese al hecho de que ninguno recibió el mismo monto, cada uno fue evaluado sobre la base de su nivel de incremento. Así que la excusa de que yo no tenía lo que el otro individuo tuvo no es aceptable. Si Dios nos sujeta a un estándar divino, solo somos responsables en la medida en que hemos sido dotados.

La tercera cuestión radica en la motivación del siervo que tenía uno. Su miedo al fracaso lo impulsó a esconder lo que le había sido dado en lugar de arriesgarlo para aumentarlo. Lo que salta a la vista para mí en esta cuestión es que escondió su talento y expuso su temor. ¿Cuántos de nosotros estamos haciendo eso en alguna área de nuestras vidas? ¡Cuando, en realidad, deberíamos estar escondiendo el temor y exponiendo nuestros talentos!

Por último, el punto más profundo para mí emerge del hecho de que el amo nunca le pidió a ninguno de ellos que aumentaran lo que les había dado. Aunque no hay mandato, parece evidente que hay una clara expectativa de que lo hicieran. Se entiende, de por sí, que es la responsabilidad de los siervos. Esta expectativa tácita constituye la base misma de mi principal punto aquí. Si usted está esperando que alguien le ordene que se desempeñe de la mejor manera e incremente sus capacidades, entonces usted no está en contacto con sus instintos. Si alguien tiene que exigirle grandes ideas y creación intuitiva, quizás usted no esté listo para ser honrado de tal forma. ¡Exceder los deberes solicitados es una señal de instintos bien aplicados!

Esta clase de producción instintiva no se genera por la demanda de otros que nos rodean, sino que más bien exuda de nuestra creatividad interior. Las nuevas oportunidades nos llaman a crear grandeza en vez de buscar refugio en el vientre de la mediocridad, que ofrece comodidad temporal pero no puede sustentar nuestra maduración hasta la plenitud para la cual fuimos creados.

La expectativa del amo de la historia es la misma que nos ha sido dada por Dios con cada nueva oportunidad. Esa es la oportunidad para acoplar su capacidad con su creatividad y arriesgarse a abrir la puerta para el ascenso al siguiente nivel. La próxima vez que sea honrado con una oportunidad, recuerde que esa es su puerta de entrada al siguiente nivel de vida, pensamiento y prosperidad. Le está siendo dada más que una oportunidad de tener éxito: ¡le es dada una oportunidad de avanzar!

He visto a muchas personas que desperdician sus vidas, sus dones, su dinero y toda clase de oportunidades porque el temor les bloquea la senda hacia la abundancia. Como una barricada en una carretera, parecen no poder proseguir más allá de los escombros de los accidentes del pasado para encontrar una nueva ruta hacia su éxito.

Podemos superar nuestros miedos si recordamos que la vida no nos exige más de lo que da. No podemos perder el tiempo comparando lo que nos ha sido dado, porque debemos reservar esa energía para descargar nuestro potencial dado por Dios. Los dones pueden no estar en la misma dimensión o incluso en el mismo grado, ¡pero eso está bien! Puede no estar en el mismo nivel que todos los demás, y eso está bien porque no somos llamados a competir con todos los demás. No somos llamados a usar a otros como barómetro de nuestros fracasos. ¡Somos llamados a maximizar la plenitud de lo que Dios nos ha confiado únicamente a nosotros!

No, no podemos darnos el lujo de permitir que nuestro vecino dictamine cómo definimos el éxito. Puede que no sea en la misma área, así que se nos enseña a no codiciar lo que no se nos ha asignado. Puede contratar gente para hacer lo que usted no puede hacer. No hay tiempo para pasar años imitando lo que no se nos ha dado.

En su lugar se nos pide que nos midamos por nosotros mismos y cumplamos con la responsabilidad implícita que viene con los dones que nos han sido dados. Sobre la base de esta parábola, estoy convencido de que Dios no pide ni más ni menos de nosotros. ¡No hay ninguna expectativa o exigencia de funcionar al nivel de algún otro individuo!

La urgencia del ahora

Sin embargo, este estándar único al que Dios nos sujeta también significa que debemos aceptar la responsabilidad de su cumplimiento. No tenemos que imitar el éxito de ningún otro, pero sí tenemos que invertir nuestros talentos en los sueños que nos han sido dados.

Desafortunadamente, no hay manual de instrucciones en la caja cuando le quita el embalaje al don que tiene dentro de usted. No puedo decir cuántas veces deseé que hubiera algún tipo de instrucciones específicas en cuanto a cómo debemos incrementar exactamente los dones tangibles e intangibles que se nos ha dado en la vida. El cantante tiene el don de cantar, pero sin partitura que revele si es enseñar, interpretar o grabar. El artista tiene el don de dibujar, pero no hay un modelo claro en cuanto a si debería dedicarse al diseño gráfico o a paisajes de artes plásticas.

En realidad, si las instrucciones estuvieran incluidas en nuestros dones, nuestros instintos no tendrían que ser activados. Dios no da detalles cuando da los dones. Él solo nos da el instinto y la oportunidad. Él nos permite encontrarnos con las personas adecuadas en el momento adecuado y nos desafía con la manera en que ellos perciben nuestra capacidad de realización. Cuando la vida nos da dones y la oportunidad de usarlos, esto es en sí mismo un halago y, lo más importante, nuestro permiso para avanzar.

Así que no espere que otra persona le diga cómo,

cuándo y dónde hacer lo que solo usted puede saber en su interior. Nadie le dirá que este es el momento. Ningún anunciador declarará que esta es la oportunidad que usted estaba esperando. Ningún padre, ni cónyuge, ni socio, ni mentor, ni amante, ni entrenador, ni maestro ni pastor puede decirle el momento de su cita con el destino.

En cambio, solo hay un instinto de urgencia. Hay un instinto de necesidad. Hay una vocecita que dice: "A todo el que se le ha dado mucho, se le exigirá mucho". ¡Ahí está ese momento *ya*!

A menudo tengo gente que me escribe en Facebook o Twitter y pregunta: "¿Cómo sé qué es aquello para lo cual fui creado?" Cuando estos aparecen, tengo la costumbre de mirar el perfil de las personas que preguntan. La mayoría de las veces, espero que sea un estudiante universitario o un estudiante de segundo año de la preparatoria el que hace este tipo de preguntas. Pero ese no siempre es el caso—o aun normalmente el caso.

Muchas veces las personas de cuarenta y cincuenta años siguen revisando la caja de la vida tratando de encontrar las instrucciones sobre cómo deben armar lo que se les ha dado. Muchos de ellos pasan toda su vida en la encrucijada de la grandeza tratando de descifrar qué camino seguir. No saben que cuanto más tiempo deliberan más pierden. La cantante pierde su vez con la edad. Las piernas de la corredora se endurecen al pasar el tiempo. El entorno empresarial cambia con las fluctuaciones de la economía. El tiempo perdido significa oportunidades irremediablemente perdidas.

Durante sus campañas, el presidente Barack Obama utilizó una frase del Dr. Martín Lutero: "La feroz urgencia del ahora". Esta cita despertador nos recuerda a todos nosotros que perder tiempo es algo que nadie puede permitirse. Así como a los siervos del amo se les requería pensar como un amo a pesar de su condición de esclavos, nosotros debemos aprovechar los momentos que se nos dan para ser más que lo que nuestras circunstancias prescriban.

Al final del día, la condición de vida de los esclavos se elevó—o descendió—al nivel de su pensamiento. Estos individuos usaron lo que tenían de manera oportuna y por lo tanto, a pesar de las leyes sociales de la época, se trasladaron a la dimensión de su amo. A pesar de su posición en la vida, pensaron más allá de donde estaban y se movieron en la dirección adónde querían ir.

Consideremos otro ejemplo. En la oscura historia de la formación de nuestro país, a los esclavos se les prohibió aprender a leer. Los dueños de esclavos de ese tiempo lo comprendían perfectamente: la clave para la libertad estaba en la mente del esclavo. Una vez que la persona en esclavitud pensara como un ser libre, sería casi imposible de controlar. Si usted libera el pensamiento de alguien, es solo cuestión de tiempo antes de que las cadenas ya no puedan sujetar su mentalidad liberada.

Por esa razón nunca permito que la gente encarcele mi pensamiento imponiéndome su opinión. Siempre escucho en caso de que pueda obtener un poco de sabiduría que me influya. Pero cuando intentan regañarme y faltarme el respeto con la fuerza de sus ideas, la conversación siempre termina.

¿Por qué? Porque que mi pensamiento representa mi libertad. Cada vez que le da a alguien la escritura de fideicomiso de su mente, ellos en realidad se convierten en sus amos. La Biblia lo dice de esta manera: "Como piensa dentro de sí, así es" (Proverbios 23:7, LBLA). Cómo piensa usted acerca de sus oportunidades determina cómo va a actuar en consecuencia.

El umbral del éxito

Finalmente, debemos notar que la recomendación final del amo a sus siervos sabios y fieles es una invitación: "¡Ven a compartir la felicidad de tu señor!" Este es, de hecho, el momento de intercambio más allá de los parámetros dónde usted comenzó. Los siervos habían hecho añicos las barreras que les impedían progresar, y tenían una oportunidad, a pesar de las restricciones normativas de la época, de avanzar a la próxima dimensión de vida.

Ahora podían entrar en el gozo de un cambio de estatus. Entrar en la libertad que viene con un cambio en la responsabilidad. Entrar en un cambio de imagen de quiénes eran y cómo vivían. En pocas palabras, así es como la gente se destaca. Lo hacen manteniendo un compromiso de prometer menos y entregar más.

Ni uno solo de los siervos tomó su oportunidad inicial y empezó a jactarse de lo que podía hacer. Simplemente hizo lo que estaba en él hacer. A cambio, el "¡Hiciste

bien…!" que recibieron no estaba basado en una cuota.
Uno regresó con diez y el otro con cuatro. Pero cada uno
realizó el cien por ciento en su nivel. Esto es tan vital-
mente importante que voy a decirlo una vez más: usted
no se halla en una carrera con un nivel de dones que está
más allá de lo que le ha sido dado. ¡La promoción se basa
en lo que hizo con lo que *usted* tenía! El resultado de su
auténtica administración es siempre promoción.

El golpeteo de la oportunidad, si se responde de esta
manera, inevitablemente resultará en promoción a la
siguiente dimensión. ¿Puede imaginar usted cómo per-
cibieron los otros siervos a estos mayordomos cuando
volvieron a sus barracones de esclavos y comenzaron a
juntar sus escasos efectos personales en una bolsa? Sus
pares pudieron haber preguntado: "¿Adónde van?" Y la
respuesta habría sido: "Nos estamos mudando al alo-
jamiento del amo—no como siervos sino como amos".
Un momento tal sería demasiado irreal para describirlo,
demasiado mágico para articularlo. La embriagadora
sensación de promoción es la entrada a las nuevas oportunidades de la siguiente dimensión.

Usted mismo está en la cúspide de tal transición. ¿Ha
experimentado usted alguna vez este tipo de crecimiento?
Piense de nuevo; estoy seguro de que sí. ¡Es la clase de
promoción que lo hace conducir del trabajo a casa rién-
dose solo en el coche! Es la clase de progreso que trae
exuberante alegría y confianza, porque usted sabe que ha
hecho lo que solo usted puede hacer: ¡lo ha dado todo y
ha sido reconocido por eso! Este tipo de excitación hace

que el alma se eleve. Estos momentos pueden incluir el progreso financiero, pero los activos tangibles no son la mayor recompensa.

La mayor recompensa es la confirmación de lo que usted ya sabía instintivamente. Usted ha recibido una respuesta a la pregunta inquietante, fascinante que danza siempre en los límites de su mente. "Sí: ¡usted fue hecho para más!", proclama su recompensa. Esa es la respuesta a la pregunta que la mayoría de nosotros tenemos con respecto a nuestro llamado más importante, nuestro mayor propósito, y algunas expectativas mayores que van más allá de nuestras circunstancias.

¡La voz interior tenía razón! Las inclinaciones eran ciertas. Mi instinto era certero. Lo que comenzó como una sospecha, una hipótesis, una intuición, ahora ha evolucionado en pura confirmación. Cambia en lo profundo la manera en que nos vemos a nosotros mismos y también culmina en una transformación de la manera en que otros nos perciben.

Mi esperanza es que estas verdades puedan ser la guía que usted necesita para prepararse para activar su instinto de aumentar. Es tiempo de que usted responda al puño que precisamente ahora golpea el vehemente llamado de la oportunidad a la puerta de su vida. Si va a contestar el llamado y va a honrar la oportunidad con disciplina, creatividad, y celeridad, puede encontrarse usted—su verdadero yo—¡viviendo una vida que excede a sus sueños más extravagantes!

CAPÍTULO 12

✦

Protección de los depredadores

Tengo un par de perros Cane Corso Romano llamados Bentley y Sable, macho y hembra respectivamente. Si usted no está familiarizado con la raza, su fuerza es similar a la del pit bull pero tienen una personalidad muy diferente. Sumamente inteligentes y excelentes trabajadores, estos perros provenían de la antigua Italia, donde solían pelear contra los depredadores salvajes. Hace algunos años, mi esposa me los dio como regalo de Navidad ya que sabe que estoy intrigado por los animales y su efecto calmante.

Después de que llegaron mis perros y tuvieron edad suficiente para recorrer nuestra propiedad, descubrieron los compañeros de juego primitivos al acecho: ardillas, junto con un esporádico lince y uno o dos coyotes. Sí, en Tejas no siempre se puede ver a los habitantes nativos ¡hasta que ellos quieren que usted los vea! Disfruté al ver a mis nuevas mascotas adaptarse a su nuevo entorno, con mucho por descubrir. Incluso las decisiones aparentemente simples como dónde marcar su territorio y donde esconder sus juguetes me fascinaban. Dado que no puedo comunicarme en su idioma, teníamos que averiguar las expectativas uno del otro mientras se adaptaban a los otros animales que antecedieron a su llegada.

Les encanta mi patio trasero, con su amplio espacio para rodar y retozar. Luchan entre sí y juegan a la persecución. Corren tras las ardillas y les ladran, otras veces persiguen un conejo salvaje. Su presencia me hace sonreír, y su afecto llena un vacío de una manera que no puedo explicar. Hacen surgir en mí al niño que pensé que se había ido hace mucho tiempo. De alguna manera mis perros resucitan a ese niño y le dan un lugar para expresarse. A cambio, les doy comida y refugio, seguridad y un gran cuidado médico. Los mantengo limpios y con su pelaje cepillado.

No importa cuán hermosos se vean y qué obedientemente se hayan comportado, a veces por la noche los oigo gruñir y rugir. Entonces me recuerdan que sus instintos básicos los guían siempre. Bentley y Sable saben que ahí fuera no todos están tan felices de verlos como yo. En esos momentos me doy cuenta de que amarlos y cepillarlos, alimentarlos y rascarles la barriga, nunca puede refrenar sus inclinaciones naturales. Cuando mi patio trasero se convierte en una jungla nocturna, su derecho sobre el territorio tiene que ser defendido.

Un par de veces he tenido que vendar algunas heridas

de peleas de mis perros que salieron sin mi conocimiento. Por mucho que los ame, no los puedo salvar del sistema de instigación de los elementos que precedieron a su llegada. Quizás Bentley y Sable fueron sorprendidos por algún depredador nocturno, pero es más que probable que ellos percibieran su olor y anticiparan su ataque. Ellos saben instintivamente lo que deben hacer para protegerse de los depredadores.

Presa para sus depredadores

Cuando entramos a un nuevo ámbito, debemos prepararnos para la misma clase de adversidad. A veces el esplendor, el desafío y el brillo de la afirmación relucen con tanta intensidad que quienes son bendecidos para entrar a una nueva jungla son deslumbrados por la oportunidad y cegados a la adversidad. No importa lo amable que parezca la fiesta de bienvenida, ¡sepa siempre que los linces salen por la noche!

Cuando quiera que usted llegue a las costas de una nueva carrera, vocación o aspiración, siempre llega como un inmigrante. Usted tiene un olor diferente, ¡y todos los animales lo conocen! Lo que parece un patio trasero, cuando usted entra allí, siempre tendrá ojos penetrantes en las sombras, y narices nativas en el aire que captan el olor del forastero que ahora ha cambiado el equilibrio del patio trasero. Ninguna suma de amabilidad puede alterar el hecho de que los otros animales en su nuevo mundo se sienten amenazados por su llegada, ¡lo cual significa que usted también debe estar preparado para hacer algunos olfateos!

Los tontos acometen en donde los valientes no se atreven a pisar. Y si bien es una maravillosa bendición tener abierta la puerta a una nueva oportunidad, es ingenuo pensar que usted está entrando a un ambiente estéril, imparcial. Así que olfatee su nuevo mundo antes de ladrar demasiado. Saber quién es quién lo salvará de acabar en el menú de algún coyote sumamente agresivo, hambriento de atención, propenso al ataque, que sale solo de noche.

En otras palabras, nada ocupa el lugar de la investigación cuando se está en un nuevo entorno. La mayoría de las empresas fracasan porque las decisiones de sus fundadores no fueron precedidas por la debida diligencia. Los matrimonios suelen fracasar porque al salir de novios no olieron el suelo donde podrían estar enterrados antiguos huesos. Las iglesias a menudo se derrumban cuando los pastores no participan en el vecindario sino que optan por aislar a su rebaño cuando, por el contrario, necesitan integrarse al entorno en el que residen.

La mayoría de los novatos entran haciendo demasiado ruido para notar los ojos que miran fijamente detrás de las sonrisas que se desvanecen rápidamente. Entran en conversaciones cuando deberían estar asintiendo, sonriendo y escuchando. En los nuevos ámbitos, usted debe aprender a leer el lenguaje corporal, tanto como las nuevas palabras en la lengua nativa. Así puede ser comunicado mucho que es contrario a lo que realmente se está diciendo.

Los perros que son nuevos en el patio usualmente no conocen las reglas de combate. Es muy importante que usted observe y huela mucho antes de ladrar mucho. Otros ya saben que usted está allí. Proceda con precaución sin mostrarse temeroso.

Si un nuevo mundo se acaba de abrir para usted, recuerde siempre que usted es el inmigrante, por muy bien que parezca encajar. Y la mayoría de las veces, los inmigrantes tienen dificultades para migrar sin conflicto hacia nuevos mundos. Su título puede prepararlo para desempeñar la tarea. Su experiencia y su creatividad pueden mostrarle la forma de mejorar la propiedad. Pero si sus instintos no le dicen lo que lo rodea, ¡seguro que usted va a ser mordido!

Comportamiento instintivo

El instinto animal, con el cual estamos equipados como parte de los mecanismos de supervivencia que Dios nos dio, a menudo suelen desaprovecharse. Debemos recordar que la debida diligencia y la investigación responsable superan las revistas, libros, manuales y procedimientos. Las nuevas junglas siempre mantienen códigos de conducta específicos que solo pueden olerse una vez que usted está en el medio de la jungla.

Si su nuevo ámbito es tan benigno como la iglesia o tan negativo como la política, no se deje engañar: todos los patios traseros son junglas. Y aunque tiene nuevos horizontes y aspiraciones profundas, no se embriague tanto con lo que esto significa para usted que no pueda evaluar lo que su llegada significa para ellos. Así que mientras inspecciona la tierra y se familiariza con la topografía del nuevo campo, ¡no se olvide de mantener la nariz al viento! Porque en el mundo de la nueva conquista, ¡los instintos son los amos!

No importa lo grande de su sonrisa ni lo halagador de sus discursos; toda jungla tiene sus depredadores. Cada empleo tiene sus pandillas y sus líderes de pandillas. No estará escrito en sus tarjetas de identificación cuando se reúna con ellos en la comida informal de la oficina, ni explicado en las tarjetas de sus nombres durante el ejercicio de formación de equipos; así que no se moleste en mirar allí. No obstante, los tigres tienen sus rayas y los pandilleros tienen sus colores, que pueden no ser evidentes para usted a primera vista.

Así que tómese su tiempo y oriéntese. Vea cómo puede comunicarse de manera efectiva e interactuar con cada especie diferente en vez de hacer enemigos de forma automática con una, al alinearse con otra. No se apresure a hacer alianzas sin pensar en las implicancias.

Yo siempre evito ser rápido para tomar partido. Al entrar al ámbito público por causa de mi ministerio, frecuentemente me encontraba junto a políticos y otras partes interesadas que no siempre veían mi llegada como auspiciosa. En lugar de percibir nuestro navío como un crucero que emprende viaje con turistas felices, ¡con frecuencia nos veían como soldados que se infiltraban en sus playas desde un buque de guerra! Pero independientemente de cómo nos recibían, mi respuesta a los nuevos ámbitos siempre ha sido la misma: ¡evitar tomar partido en las batallas que se iniciaron antes de que usted apareciera!

Ofield Dukes, el legendario y difunto pionero de las relaciones públicas, hizo un trabajo para mí en los primeros años de mi carrera. Cuando preguntó por mis ideas políticas, le dije: "Yo soy imparcial y planeo seguir así". Inexperto en los nuevos mundos donde me encontraba, mi respuesta reflejaba mi intento de evitar exigencias de lealtad en estas nuevas esferas que parecían tan diferentes de la mía ¡como el lado sur del Polo Norte!

Por supuesto, yo tenía opiniones políticas, pero las guardaba para mí mismo. Incluso entonces yo sabía que las etiquetas pueden ser difamatorias cuando usted está inmigrando a otro nivel de vida. Cualquier parte que usted elija, intrínsecamente le creará enemigos de la banda rival. También me di cuenta de que incluso quienes tienen sensibilidades similares pueden ver los colores que usted comparte, no como una nueva alianza, sino como una amenaza a su posición. Si usted no vigila a los que afirman guardarle la espalda, ¡finalmente se encontrará caído de espaldas!

Bueno, *imparcial* no era un término que Ofield Dukes estuviera acostumbrado a oír de boca de un clérigo negro. En ese momento, era una conclusión obvia que si usted era un predicador negro podría cantar bien, comer su peso en pollo frito y codearse con el Partido Demócrata. Así que se asombró al oír que yo no llevaba uniforme de ningún equipo.

En respuesta, sin embargo, me dijo algo que nunca he olvidado. Mirándome a los ojos, advirtió: "¡El que camina en medio de la carretera es golpeado por ambos lados!" Yo no sabía que sus palabras serían tan proféticas.

He sido golpeado como un mariscal de campo de fútbol, magullado como las rodillas de un niño con bicicleta nueva, ¡y mordido como un perro que despertó a un coyote que dormía en su patio! Sin embargo, por más que lo intento, sigo pensando que se debe evitar pegar una etiqueta mientras todavía se está recuperando de la desorientación. Después de todo, yo era el chico nuevo de la cuadra, sin aspiraciones a postularse para un cargo. Yo no estaba allí por la política, ¡pero estoy seguro de que descubrí que los políticos estarían allí para mí! Lo bueno, lo malo y lo feo, todo viene a su encuentro cuando usted es un nuevo recluta. Algunos vendrán a reclutarlo. Otros saldrán a examinarlo. ¡Y unos pocos vendrán a exterminarlo! Sus instintos pueden no ser capaces de prevenir algunos de estos golpes, pero pueden ayudarlo a protegerse y minimizar su impacto.

Su identidad instintiva

Entonces, ¿qué hace usted cuando estos intentos conducen a un ataque? ¿Cómo sobrevivir y prosperar en su destino sin convertirse en un pestañeo en la historia? Una vez más, he aprendido de Bentley y Sable, mis peludos y babosos amigos. Sus singulares cualidades me han enseñado a usar quién es uno para adaptarse al lugar en que se encuentra.

Mire, como caninos, ellos no pueden conectarse con los conejos ni tampoco están preparados para eso. No pueden trepar a los árboles con las ardillas grises, o esconderse debajo de las raíces como las ardillas rayadas. Pueden parecerse a los coyotes, pero no son uno de ellos. Tal vez por esa razón es bueno que se tengan el uno al otro. La experiencia compartida de retozar como mascotas durante el día y luchar como soldados por la noche los une.

Y también comparten el amor, la atención y el sustento que les ofrece su dueño. Pues, mire, no importa lo que sucede en las junglas suburbanas de noche, si regresan con aves en la boca o sangre en su torso, ellos siempre regresan a la base de su hogar. Ellos saben quiénes son, de quién son, y en última instancia adónde pertenecen.

¡Lo mismo vale para usted! Mucha gente va a querer usar su boca para transmitir el mensaje de ellos. No se los permita. Otros tratarán de aprovechar su influencia para su agenda. Resístalos. Habrá momentos en que alguien le robe sus ideas, hiera sus garras, y mordisquee su nariz. Pero usted siempre puede sobrevivir a las traiciones y tragedias si tiene una base a la cual regresar. Nunca permita que los otros animales lo abrumen tanto que pierda el camino de regreso al lugar donde pertenece. Conozca siempre su base, ese tranquilo centro de confianza dentro de usted, y cómo acceder a él y refugiarse, cuando sea necesario.

Usted debe ser fiel a su propósito, obstinadamente tenaz respecto de su pasión, y no perder de vista su centro. Usted no puede estar equilibrado sin un punto central sobre el cual carguen otras fuerzas. Esa parte que no se mueve dentro de usted, controla todo lo que se mueve a su alrededor. Si usted pierde su centro y renuncia a su identidad, ¡entonces está terminado, acabado, kaput!

Sea que gane o pierda la escaramuza de hoy por la supervivencia, no importa tanto como mantener su base. He visto a mis perros regresar a casa con zarigüeyas en la boca, moviendo la cola con alegría. También los he visto volver con sangre corriendo por sus patas con laceraciones de un lince como única recompensa. Pero siempre vuelven a la base.

Si usted pierde su sentido de quién es, no tiene nada a lo cual pueda volver. Si no descubre sus pasiones, su propósito y su poder, buscará los roles asignados por los guiones de otras personas. Usted perderá el éxito que ofrecen las nuevas oportunidades si no conoce sus propias prioridades y preferencias.

Su fuerza está en su singularidad. Si usted se pierde a sí mismo para llevarse bien con otros, no tiene nada original que ofrecer a este nuevo mundo de posibilidades. En lenguaje del espionaje, ha sido puesto en peligro. En lenguaje científico, ha sido neutralizado. En lenguaje corporativo, ha sido despedido. En resumen, ¡usted, ha sido liquidado, excomulgado, y erradicado!

Manténgase fiel a sí mismo mientras incorpora lo que tiene al lugar donde está. Persiga las ardillas, luche con los linces, y ruede en la hierba, pero aférrese a lo que lo hace tan único como mis Cane Corso Romano. Sea que esté en victoria o en un calvario, siempre va a sobrevivir para luchar otro día ¡si usted se rehúsa a transigir y hace de su llamado instintivo su brújula!

CAPÍTULO 13

❖

Instintos informados

Confiar en sus instintos no es suficiente. Usted podrá sobrevivir pero no prosperará sin la debida diligencia y la investigación necesaria para afinar y perfeccionar sus instintos. Estoy convencido de que los instintos operan con mayor precisión cuando tienen tantos datos como sea posible. Entonces nuestros instintos procesan los hechos, las cifras y las finanzas a través de los filtros de nuestra personalidad, experiencias y metas. Es el lugar donde el arte y la ciencia se unen para crear este sistema de navegación tan singular para vivir.

Mientras aprendemos a vivir por instinto, vamos a recurrir a todo lo que hemos experimentado: todas nuestras pruebas y tragedias, triunfos y reveses. Curiosamente, la palabra ciencia se deriva de la palabra latina *scientia*, que en esencia significa "conocimiento". Y el conocimiento proviene en parte de la experiencia y en parte de los encuentros.

Toda empresa sistemática debe preparar y organizar los conocimientos adquiridos en forma de hipótesis comprobables y predicciones calculadas acerca de su ámbito. Tan cierto como que mi patio se convertía en una jungla por la noche para mis perros, su nuevo nivel de logros se convertirá en su laboratorio para la innovación y la improvisación. Antes de hacer suposiciones basadas en el conocimiento previo, compare lo que ha aprendido con lo que observa a su alrededor. Si usted estudia sus pisadas, ¡es menos probable que tropiece!

Oriéntese

Aunque es maravilloso saber lo que usted sabe, la sabiduría requiere que también sepa lo que no sabe sin confundir a los dos. Hay mucho que aprender acerca de dónde está usted, y cómo lo que sabe encaja en lo que no sabe. Cuando la auxiliar técnica asciende a la administración, debe reconocer rápidamente que las personas requieren más qué los mecanismos. Cuando el empleado se convierte en empleador, debe resistir el contratar y despedir sobre la base de donde antes estaba en vez de donde está.

He compartido en el capítulo anterior cómo he tratado de evitar ser parcial en una situación políticamente cargada. Hace varios años, durante un año electoral, me invitaron a la Coalición Cristiana de América, porque yo era un ministro prometedor cuyos puntos de vista bíblicos podían haberme dado buenas probabilidades para el ala derecha. ¡Y ese mismo año se me pidió que hablara en la Coalición Arcoiris! Sus miembros reconocieron que había muchas cuestiones por las que la coalición se preocupaba que también me concernían profundamente a mí.

Ambos grupos me habían invitado, en parte, a causa de mi crecimiento en el ministerio y mi llegada a las costas de este nuevo mundo de la política pública y del activismo político. Cuando fui a ambas reuniones y escuché y miré y olí y oré, supe que me había tropezado con un gran campo de ideas y peligros, secretos y ciencias, que me llevaría los prómimos años tratar de desenredar. Y en medio de todo el tira y afloje de mis nuevos pares, la pregunta clave en mi mente reflejaba la búsqueda de cualquier nuevo inmigrante: ¿Dónde encajo yo, en todo caso, en este nuevo y fascinante mundo?

Bueno, usted podría decir: "Yo no soy el obispo Jakes y no tengo esos problemas para sopesar y clasificar". Pero antes de llegar a esta conclusión, piense otra vez. Si usted es un empleado nuevo, un nuevo dueño de negocio, un nuevo socio del club, un nuevo inversor en la empresa, o un recién casado, esto se aplica a usted. Si usted es una nueva contralto en el coro o un nuevo miembro del consejo de la ciudad, entrado en un campo lleno de fuego y capricho. ¡No piense ni por un minuto que puede fingir que no le afectan las fuerzas que vuelan hacia usted desde todas direcciones!

No suponga que usted puede confiar en sus instintos para la información que es fácilmente accesible por otras vías. En otras palabras, conozca los hechos antes de reflexionar sobre sus sentimientos. Haga el trabajo necesario para estar al corriente e informado sobre todos los ángulos de un problema, conflicto o cuestión.

Me gustaría pensar que he sido capaz de servir a los presidentes y otros líderes políticos de los dos partidos principales debido a mi capacidad de entender de dónde viene cada uno. Aunque yo pueda no estar de acuerdo con ciertas posturas, estatutos, o estrategias, trato de respetar a los demás viendo las cosas a través de sus ojos.

En otras palabras, sus instintos necesitan conocer los límites antes de poder ayudarlo a orientarse. Así como los animales marcan su territorio para poder reconocerlo después, necesitamos conocer la disposición de la tierra antes de deambular por ella. ¿Eso es la Estrella del Norte o un tren que viene hacia nosotros? ¿Esta bola de nieve va a rodar hasta causar una avalancha o se derretirá a nuestros pies? Sin ocuparse de los conceptos básicos de la investigación y el estudio, es imposible que nuestros instintos nos guíen con precisión.

Instintos aguzados

Bueno, usted puede leer el manual del empleado o buscar en Google los datos de su nueva empresa. Puede recopilar estadísticas y memorizar los datos demográficos en su mente. Pero la verdad sigue siendo que en cada nueva jungla en la que entre, hay un código de conducta no escrito que guía a sus habitantes. Cada mundo tiene una gran cantidad de grupos de intereses especiales, causas a las cuales unirse, fraternidades y hermandades y sociedades secretas. Estos diversos grupos estarán abriendo senderos para marcar su territorio, ¡mientras usted todavía está utilizando el GPS para cruzar la calle!

Recuerde que mientras usted es el inmigrante que está aprendiendo el idioma, todos los demás son nativos al proceso. Así que antes de tomar una siesta debajo de un árbol, o hacer campamento en un claro, es mejor que huela alrededor de los arbustos y discierna qué más está acechando a su alrededor.

Hay maneras de hacer las cosas que no están registradas. Hay maneras de heredar enemigos, encontrar matones y sabotear su éxito en las que usted ni siquiera ha pensado. Y hay miles de depredadores en su propio patio trasero que no salen hasta que el sol se pone. Es posible que no vea a estos acosadores de la noche, pero dondequiera que usted vaya, ¡la pandilla siempre está!

Equilibrar quién es usted con donde está es en sí otra ciencia. Por un lado, si no se define usted mismo, sus enemigos tratarán de definirlo. Así que tiene que estar ocupado en la cuestión de marcar. Pero mientras está tratando de obtener el mensaje correcto acerca de quién es, usted también debe aprender a situarse en el contexto de las corrientes que giran a su alrededor. Las variables, las condiciones, las alianzas y los aliados cambian con frecuencia. Si no fuera suficiente adaptarse al nuevo mundo al cual se está aclimatando, también debe volverse experto en negociaciones negativas y reclinarse en las positivas respecto de lo que vino a hacer.

Usted apenas tendrá tiempo para deshacer su equipaje en Bugtussle, EE.UU., antes de estar bailando con el peligro y danzando con lobos. Por extraño que parezca, su logro no puede celebrarse totalmente antes de que sea tiempo de levantar el campamento, defenderse y dar parte. Dondequiera que usted sea empujado a la selva, alguien o algo captará inmediatamente su olor, y tomará decisiones estratégicas con respecto a la respuesta de ellos ante su llegada.

Las agendas son interminables, los enemigos están en todas partes, y los aliados, a menudo, son apáticos. Los clubes de admiradores y los clubes de lucha, todos se hallan en la misma esquina de la calle. La diferencia entre un amigo y un enemigo puede ser tan sutil como la distinción entre gemelos idénticos. Es decir, ¡usted apenas puede distinguirlos! Cualquiera que haya tenido alguna vez una posición en una nueva empresa, o se haya casado con un pastor, o mudado a un nuevo vecindario, ¡debería darme un buen Amén!

Encontrar adónde pertenece

Si usted no encuentra una manera de mejorar su instinto mediante la investigación, renuncia a la oportunidad de pertenecer. He tenido que dejar ir a muchas personas de mi compañía, y en ocasiones, del personal de mi iglesia.

No siempre era una indicación de que la persona no era buena en lo que hacía. Muchas veces el problema surgía de su incapacidad para aclimatarse a su nuevo entorno. Ellos podían hacer la tarea, pero no podían adaptarse social y profesionalmente a las nuevas formas de interacción, comunicación y delegación. No importa cuán bueno sea usted en lo que hace si no puede adaptarse a su nuevo entorno.

Es una ciencia, así que estúdiela. Es un experimento de laboratorio para descubrir lo que usted puede y no puede decir. Es escuchar sus instintos, así como las insinuaciones de sus nuevos socios. Y aprender en el laboratorio sigue siendo peligroso, ¡ya que no todos los productos químicos se mezclan bien! Las reacciones químicas pueden producir resultados que, o bien destruyen o generan energía para la organización.

Y recuerde que los científicos deben salir de sus laboratorios. Como los zoólogos en la jungla, usted debe aprender a estudiar las criaturas con las que convive. Usted debe morar entre ellos, pero no puede ser uno de ellos. Ellos le dejarán saber que usted vive en la misma calle, pero posiblemente no sea parte de la banda. Aprender a sobrevivir con las pandillas sin llevar sus colores al trabajo es un asunto difícil. Es un proceso y, Dios lo sabe, es una ciencia.

Se dará cuenta bastante rápidamente de que la mayoría de las especies tienden a permanecer juntas. Los conejos pueden corretear como las ardillas, pero no juegan con ellas. Los coyotes son fuertes y veloces, hambrientos y despiadados. Han aprendido cómo unir fuerzas en una manada sin invitar a los linces o a los chacales. Registre los hábitos de los que están en su nueva jungla, pero no se permita seguir los mismos patrones a menos que usted esté haciendo una elección deliberada.

Estudie sus propios hábitos

El desafío es llevar a cabo su misión sin perder su identidad. Su presencia cambia el ecosistema y altera el medioambiente para bien o para mal. En el proceso de adaptación habrá conflictos. Siempre habrá esos momentos en que los principios que usted usó anteriormente en su vida lo defraudarán en su entorno actual. Esta lección es fundamental. No puede llevar con usted todo lo que usó antes. Su capacidad para sobrevivir tiene mucho que ver con su capacidad de adaptación.

Adaptarse y sobrevivir requieren que usted conozca sus propias inclinaciones y preferencias, su configuración por defecto y sus disciplinas. Usted debe proteger sus áreas vulnerables y utilizar sus puntos fuertes para proveer cobertura. Aumentar el poder de sus instintos significa aprender más que nunca sobre sí mismo.

Como en todas las ciencias, habrá experimentos fallidos e inversiones perdidas. Pero éstos le enseñarán algo—al menos por el poder de eliminación—si está dispuesto a proceder con paciencia. La pérdida de tiempo, esfuerzo y dinero se convierte en el precio a pagar cuando su objetivo en última instancia es acelerar y no solo aclimatarse.

INSTINTO

Cuando usted quiera llegar a conclusiones sólidas y no a teorías inciertas, debe estar dispuesto a arriesgar lo que sabe por lo que quiere saber.

Informe sus instintos y mejorará su potencia, ¡no importa en que jungla se encuentre usted!

CAPÍTULO 14

✦

Liderazgo instintivo

Nosotros sabemos instintivamente cómo liderar si nos lo permitimos.

Aunque dos líderes no son exactamente iguales y cada uno variará su estilo y su método, todos los individuos que lideran por instinto exploran la distancia entre dónde han estado y adónde van. Algunos abordan el liderazgo basándose en su fuerza o en la fuerza del equipo; otros en su cultura organizacional previa o en la cultura establecida cuando llegaron allí. Ellos heredaron sistemas y luchas que de ninguna manera reflejan la visión y el mandato que más los apasionan. Entonces deben decidir: ¿Quién se queda y quién se va?

En mi interior soy un motivador, y me encanta invertir en la gente. Para mí la cuestión se centraba en los recursos humanos. ¿Puedo desarrollar lo que tengo, o debería buscar fuera de mi organización lo que necesito? Este dilema me ha llevado muchas veces a confusión interna ya que mi corazón decía: "Déjalos quedarse", cuando mi cabeza decía: "¡Déjalos ir!"

Mire, he pasado años como pastor, cuyo objetivo es la retención. Los líderes espirituales suelen ser evaluados por su capacidad para sostener el impulso, mantener el presupuesto y retener la membresía. Todo esto funciona bien si usted solo está interesado en los miembros o, tal vez en su caso, los consumidores o los clientes. Pero la mayoría de las empresas, así como la empresa de llevar a cabo nuestros destinos dados por Dios, requieren algo más que el servicio al cliente. Tiene que haber una estrategia de equipo para unir a los distintos departamentos que se requieren para el éxito, sean recursos humanos y tecnología interna, o sus recursos personales y su computadora portátil. La gran pregunta sigue siendo: ¿Cómo mantengo lo que necesito y suelto lo que no necesito?

Tuve que aprender, cuando mi personal aumentó, que mi modelo de liderazgo necesitaba una seria revisión. Las mismas tendencias que me hicieron un pastor efectivo no necesariamente produjeron el conjunto de habilidades requeridas para un mayor liderazgo de mi equipo de negocios y del personal privado. Pero aprendí que desde el momento en que un pastor emplea a personas, su propensión a pastorear un rebaño puede volver a moverlo.

En resumen, su talento y oportunidad pueden llevarlo a un ámbito nuevo que su conjunto de habilidades puede ser capaz de administrar pero no maximizar. Con estas nuevas oportunidades, su mentalidad es influenciada no por adónde va, sino más acertadamente por donde ha estado. Pero, ciertamente usted ve el peligro de este enfoque. ¡Un nuevo traje no cambia al viejo hombre! ¡Un nuevo peinado no transformará a la mujer que está debajo del flequillo!

Usted no puede operar en el siguiente nivel si sigue teniendo el antiguo estilo de liderazgo. Muchas personas se mueven a una nueva oportunidad, pero tienen la mentalidad del pasado y pronto descubren que tienen experiencias que envenenan la nueva oportunidad con los antiguos contaminantes. ¡Usted no puede modernizar un departamento si usted mismo acarrea la metodología de donde estaba y no de donde está!

Cuando creció mi participación en empresas que están más allá del púlpito, también lo hicieron mis luchas para liderar en estos nuevos emprendimientos. De repente yo estaba contratando personal, manteniendo una entidad con fines de lucro, y desarrollando personas en torno a nuevas metas. Lamentablemente, aunque tenía la estructura corporativa de un negocio para mi empresa, yo seguía teniendo tendencias pastorales. Tuve que aprender a distinguir el ministerio de la administración, y la comida comunitaria de la cartera de valores. ¡El salón de clases de la escuela dominical no es el salón del directorio!

Usted no puede reformar la organización si su líder comunica mensajes y conceptos antiguos en virtud del lenguaje y los hábitos del pasado. Un nuevo logo es agradable, una nueva marca es una maravilla, pero si persiste la vieja cultura ¡usted está destinado al autosabotaje!

Tradición contra innovación

Me encontré en reuniones con directores ejecutivos de alto nivel en un momento, y con fuertes líderes pastorales al siguiente. Aunque existen muchas similitudes entre los líderes pastorales y los de negocios, también hay muchas diferencias. Luché con los modelos de mis amigos, que eran líderes sagrados y funcionaban en gran medida con un enfoque pastoral, no solo con el rebaño, sino también con el equipo. Ellos, la mayoría de las veces, carecían del temple para tomar las decisiones que eran necesarias a fin de que sus organizaciones prosperaran. A menudo elegían el modelo de retención: capte todo lo que pueda. A menudo no estaban liderando por instinto, sino por tradición. Mantenían la paz y el statu quo, pero después se frustraban cuando la iglesia sufría por su liderazgo indeciso. Se iba marchitando, no por falta de visión sino porque había una seria desconexión entre el líder y aquellos a quienes representaba.

¡Frecuentemente el ministerio no prospera porque al líder le faltó la capacidad para podar la viña en la cual trabajaron toda su vida para que creciera! En lugar de crecer en productividad, realmente son las mismas cosas viejas de los días pasados. El suelo nunca descansa y nunca se plantan nuevas semillas. La cosecha sigue rindiendo fruto, pero es proporcionalmente menor con cada temporada que pasa. Esto no es crecimiento; ¡simplemente es inflamación, con la infección del mundo pasado mezclada con la nueva oportunidad!

Pero la antítesis de esto, basándome en lo que he visto en mis relaciones del mundo de los negocios, es el modelo de soltar. Su idea es ser lento para contratar y rápido para despedir. Los reemplazos súbitos, dicen, tienen la naturaleza de la bestia. Mis amigos empresarios creen que el soltar debe ser siempre rápido y definitivo.

Ellos eligen el cambio a cualquier costo, superando frecuentemente la sabiduría de sus instintos de estabilidad.

Sin embargo, a veces es bueno retener. Perfeccionar y entrenar a quienes han sido leales puede crear un sentido de familia que es muy importante para el bienestar de toda la organización. Si los miembros del equipo no se sienten seguros y considerados, no van a comprometer sus talentos personales hacia la plena productividad de la organización.

La recesión que recientemente enfrentamos en nuestra nación y todos los despidos que siguieron nos mostraron que cuando las personas no están seguras de lo que va a ocurrir a continuación, se retiran a "esperar y ver". Se cortan los gastos, sube la ansiedad, aumentan los divorcios, y la productividad se ve comprometida cuando los miembros del equipo desarrollan una actitud de "sálvese quien pueda". Muchas personas están traumatizadas por la incertidumbre. Es el asesino silencioso de las relaciones en el trabajo y en el hogar. Toda vez que la gente no sabe dónde está parada, se va físicamente o se desprende emocionalmente. De cualquier manera, cuando usted está paralizado por el temor a lo desconocido, no importa a qué dirección se dirija, ¡porque no se está moviendo!

Del mismo modo, cuando usted opera basándose en una fórmula o el modelo de cortar a todos con el mismo molde, pierde el poder y la visión que sus instintos le pueden brindar. La tradición y la innovación deben trabajar en armonía para el máximo éxito, y nuestros instintos saben mantener este equilibrio. Basándose en datos específicos, contexto y sentido del tiempo, el instinto puede convertirse en la mayor herramienta de un líder para saber cuándo mantener el rumbo y cuándo cambiar de dirección.

Instintos contagiosos

Perfeccionar su instinto para el cambio creativo en el tiempo adecuado agudiza los instintos de quienes lo rodean. En este sentido, liderar por instinto, puede ser contagioso. Si la gente que usted retiene no responde a esa retención y la premia con un esfuerzo serio para que siga siendo relevante, eso resulta contraproducente. Recae sobre el equipo la responsabilidad de aprovechar todas las oportunidades disponibles provistas para mantenerse a la vanguardia. Si bien la empresa puede acreditar el entrenamiento, las personas que forman parte del equipo comparten una seria responsabilidad de no volverse inflexibles o irrelevantes en virtud de pensar que una buena relación y personalidad cubrirán un mal desempeño.

Si se desarrolla tal complacencia, la organización sufrirá de parálisis y perderá su sentido de orientación.

Esto también es cierto en el hogar. Ambas partes deben mantener la vigilancia para ser progresistas e innovadores. Que las personas sigan estando casadas no significa que estén felizmente casadas. En ese mismo sentido, que usted haya estado un largo tiempo con una tarea no significa que haya seguido siendo relevante. Es sabio estar al tanto de la última información que hará que usted sea capaz de crecer al avanzar y no simplemente seguir adelante. Un antiguo libro de sabiduría nos dice: "Hierro con hierro se aguza", y en verdad es así.

¡Pero también el óxido da lugar al óxido! Si la atmósfera del equipo se vuelve tensa, la vitalidad se disipa y gradualmente resulta en toxicidad. Así que si no se erradica el estancamiento, el crecimiento se ve comprometido y otra buena gente avanza gradualmente. Es difícil lograr velocidad en el presente, ¡y mucho menos asignar destinos futuros, cuando ciertos neumáticos están atascados en reversa!

La remoción del cuello de botella que es el miembro del personal o líder estancado, también es apreciada, porque la gente verdaderamente creativa en realidad siente que la están asfixiando cuando la colocan por debajo de alguien cuya única contribución a una reunión es: "esa no es la forma en que solíamos hacerlo". No puedo contarle cuántos hogares, iglesias y empresas participan en una guerra civil, porque no tienen un sincero aprecio por los individuos. Ellos están en guerra entre lo que *fue* y lo que *es*.

Siempre que *lo que fue* comienza a luchar contra *lo*

que es, ¡ambos ponen en peligro el futuro de *lo que puede ser!* El daño será colateral y el impacto será amplio.

Cuando los instintos son ignorados

Ahora bien, el mero hecho de que una idea sea nueva no significa que sea progresista. Y cuando las nuevas ideas son seriamente evaluadas y consideradas antes de ser descartadas, quienes las presentan se sienten afirmados. Pero cuando esas ideas no tienen más probabilidades de ser consideradas que un muñeco de nieve en el infierno, ¡el instinto de creatividad es eclipsado por el tóxico ambiente cultural de trabajo! Así que usted puede haber triunfado en apaciguar las vanguardias de la organización, pero lo hace a costa del retraso en el crecimiento de lo que esperaba construir.

Así que si usted está en contacto con el pulso del equipo que está liderando, nota el nuevo flujo de vida creativa de los nuevos incorporados a la empresa. Adicionalmente, los veteranos de mucho tiempo en la organización están atascados y la parálisis inmoviliza la relevancia. Gradualmente usted notará que la gente que alguna vez estuvo entusiasmada se muda—o peor aun, permanece en el equipo sin nada en vista, excepto las pensiones o el beneficio personal. Ellos canalizarán su creatividad en empresas personales o artículos de línea catalogados erróneamente en su hoja de presupuesto que en realidad son una verdadera pérdida, ¡por lo que usted obtiene poco y nada a cambio de su inversión!

Esta dinámica crea una apatía en toda la organización, una lenta parálisis de la que pocos siquiera hablarán abiertamente. Esta parálisis no necesariamente comenzará exhibiéndose en una hoja de contabilidad. Es decir, en una organización no solo hay que administrar los números. Es posible que no se manifieste inicialmente en la muerte de dólares; más bien se muestra en la lenta y angustiante muerte de nuevas ideas.

Comienza como un silencioso cáncer que espera hacer metástasis en toda la entidad corporativa. Cuando las ideas nuevas y creativas dejan de ingresar, la energía se disipa y la moral decae. Cuando los miembros del equipo no experimentan el liderazgo instintivo, se retiran a modelos fiables que garanticen la seguridad del empleo, aun cuando irónicamente su retiro amenace la salud de toda la organización. No hay inmunidad para luchar contra el creciente malestar. Con el tiempo, la baja en las ganancias reflejará que la infección se ha extendido hasta la hoja de balance, y la economía será un síntoma y no una causa del problema más profundo.

Sin una infusión de instinto y una elevación de su importancia en la compañía o en el equipo, la productividad terminará por agotarse y la corriente de innovación goteará hasta detenerse. El instinto es así de importante para la forma en que usted lidera. Cuando no se tienen en cuenta los instintos, los líderes se convierten en seguidores, ¡y los seguidores se convierten en desempleados!

Constructores y banqueros

Muchos líderes entran en una de estas dos categorías, mientras que los líderes guiados por el instinto saben que se requieren ambas áreas para un crecimiento y progreso saludables. Los constructores son aquellas personas que están motivadas por el desafío. Tienen que tener algo para construir, algo por qué luchar, o algo que les dé resultados cuantificables. Estas personas están diseñadas para mantener vibrante a la entidad. A veces son espontáneas, siempre creativas, y perpetuamente muy comprometidas cuando hay acción.

Y luego están los banqueros. Los banqueros son como las estufas de leña de campo. Perciben una sensación de logro en el mantenimiento. A ellos les gusta sostener y mantener lo que alguien construyó. Estas personas son fabulosas en los sistemas críticos y necesitan ser puestas en su lugar para asegurarnos de no estar siempre construyendo sin apilar suficiente madera para el próximo fuego y para el largo invierno que tenemos por delante. Los constructores ganan dinero; los banqueros lo ahorran. Los constructores mantienen emocionante el matrimonio; los banqueros mantienen la casa bien cimentada. Los constructores pueden atraer a una multitud; los banqueros pueden entrenar a la multitud que se ha reunido.

Ambos son necesarios para el crecimiento de una empresa, una relación o un emprendimientos sanos. La tensión dinámica y productiva entre ellos funciona de maravilla ¡hasta que usted ponga un banquero a cargo del desarrollo del proyecto o de una nueva adquisición de la empresa! El banquero no puede liderar, ya que solo quiere mantener las cosas como estaban originalmente. El constructor que necesita un nuevo incentivo está atascado en un embotellamiento en una autopista de oportunidades no realizadas. Y el león y el cordero yacen juntos en una pesadilla de frustración. Así que uno se queda mirando un informe trimestral tarareando la canción de Marvin Gaye que fue hit en los años setenta: "What's going on!" (¿Qué está pasando?)

No solo se trata de tener a la gente adecuada en su vida. Se trata también de la ubicación, ubicación, ubicación. Hemos recortado la hemorragia de recursos de energía derrochada e ingresos malgastados en los que se niegan a crecer. Hemos retenido a los mejores y más brillantes, manteniéndolos desafiados e innovadores. Como las bujías en el motor, cada uno está en su lugar y esto empieza a sacudirse hacia adelante. Los impulsados por el instinto saben cómo aprovechar al máximo los caballos de fuerza de su motor construyéndolo con los mejores componentes.

A medida que usted explore todas sus oportunidades de liderazgo—no solo las que están en la oficina—asegúrese de que su vehículo tenga lo necesario para transitar las junglas que vendrán. Una vez que permite que su instinto impulse su motor, usted está listo para maximizar su potencial de liderazgo y localizar los elefantes justo a la vuelta de la esquina. Así que saque su pie del freno, afloje el embrague, y cambiemos a la siguiente velocidad en su aventura guiada por el instinto.

Independiente pero ineficaz

Cuando aprovechamos la síntesis de la sabiduría de nuestros instintos con la educación continua, el liderazgo instintivo se vuelve más y más fuerte. El liderazgo instintivo se desarrolla a partir de semillas de responsabilidad e influencia.

Reconocí esta fructífera combinación en mi hijo mayor por la forma en que tomaba el biberón cuando estaba en su cuna. Recuerdo muy bien que lo observaba sacarle el biberón—bastante prematuramente, por cierto—a su madre. La gente se asombraba de su independencia a una edad tan temprana. Él solo tenía pocos meses de edad y ya tenía sostenía el biberón como si fuera un adulto. Era autosuficiente y siempre ha sido bastante independiente.

Por cierto, muchos años después esta característica a menudo lo llevó a ser elegido para cerrar la casa o estacionar el coche. Pero la desventaja era que lo dejaba sin la atención cariñosa que muchos niños reciben. He observado, incluso en las respuestas a los niños, que la gente no apoya a los individuos independientes con la misma seriedad que a quienes exponen su dependencia y vulnerabilidad.

Y tal fue el caso de mi hijo mayor. Él no necesitaba tanta ayuda para vestirse, o para subir al coche, o para completar la tarea, porque nos mostraba que podía hacerlo sin nosotros. Instintivamente, se sentía atraído por los roles de independencia, que es algo bueno en lo experiencial pero puede ser emocionalmente extenuante. Aunque la independencia puede ser señal de la génesis del liderazgo, está lejos de su realización.

El liderazgo emerge no solo cuando un individuo puede hacer hábilmente lo que necesita hacer; la verdadera prueba se pasa cuando una persona puede implementar a través de otros lo que es necesario hacer. Si usted quiere liderar por medio de sus instintos, debe preguntarse: ¿Puede usted inspirar a los que trabajan a su alrededor para que se unan a sus esfuerzos?

Liderar por instinto requiere que usted influya a otros cuando reúne un grupo de apoyo. Si usted va a lograr los sueños que tiene por delante, se requerirá un esfuerzo de equipo, con muchos elementos de apoyo. Sus instintos pueden ayudarle a armar el mejor equipo y a retener a estos individuos talentosos, pero también debe ser capaz de influir en ellos. Saber lo que los motiva a nuevas alturas es parte de esta influencia instintiva. Manejar conflictos, crear soluciones innovadoras y mantener su fuerza de carácter y centro moral también influye en otros.

La gente instintivamente quiere confiar en el líder al cual sigue. Quieren creer que es digno de su inversión de tiempo y esfuerzo. Quieren saber que sus líderes reconocerán su valor y mejorarán su conjunto de habilidades. Los líderes instintivos saben que si no pueden influir en quienes los rodean, sus fronteras se estrechan. Usted no puede producir el producto, distribuirlo, mantenerlo y extenderlo en nuevas direcciones sin influir en otros. Su capital también está limitado sin la capacidad de influir en otros.

Si usted solo confía en sí mismo, su ingreso es limitado porque usted es su único recurso. Si quiere ser un gran médico, practique la medicina. Pero si quiere ser rico, exitoso y expandir su capacidad de traer salud a su comunidad, abra un consultorio y contrate varios médicos. En la búsqueda de empresas prácticas, sepa que siempre habrá un tope salarial. El tope viene cuando se da cuenta de que por muy fructífero que pueda ser, usted sigue limitado a menos que pueda reduplicar sus capacidades y extender su visión a otros.

Si usted lidera por instinto, conocerá sus prioridades. Al aumentar el tamaño de su negocio, la influencia y el ingreso pueden no ser tan importantes como proteger su privacidad, mantener la estabilidad, y disfrutar de un amplio tiempo de esparcimiento. Instintivamente usted sabe lo que quiere, por eso, no se dirija usted mismo ni dirija a otros hacia el destino de otra persona. Usted puede valorar la independencia por encima de la innovación. Sin embargo, si su natural instinto de independencia sigue sin control, usted quizá no madure.

Los líderes independientes pueden estar rodeados de gente, pero se niegan a usar su influencia, así como a ser influenciados por los miembros de su equipo. De hecho, la gente normalmente no ayuda a los líderes independientes, porque parece que pueden manejarlo todo solos.

Si usted envía la señal de que no necesita ayuda, otros la recibirán de esa manera.

Aunque aplaudo que usted pueda hacerlo solo, recuerde siempre que si puede hacer una tarea, usted siempre tendrá un empleo. Pero si sabe por qué debe emprenderse la tarea, ¡entonces puede delegar en otros para que trabajen para usted! El porqué y el cuándo de una tarea son inherentes a los instintos de liderazgo. Aunque el cómo hacerlo siempre conducirá a un trabajo, si quiere más que un simple trabajo, usted debe saber el porqué y el cuándo de una cosa y no solo el cómo.

Riesgos instintivos

Aunque los líderes instintivos saben que deben equilibrar la independencia con la influencia, también deben equilibrar el riesgo con la responsabilidad. En la prosecución de un sueño puede ser aterrador pasar de una actividad unipersonal a un enfoque de equipo. Cuando contraté a mi primera asistente administrativa, estaba muerto de miedo de ser responsable de su salario y beneficios. Me reconfortó el hecho de que su esposo tuviera un empleo con buena paga, así que si mi empresa fracasaba, no pasarían hambre ni perderían su casa.

Sin embargo, poco tiempo después, me fue necesario ampliar la visión y correr otro riesgo hacia el cumplimiento de mi destino. Contraté a un hombre que renunció a su empleo para venir a trabajar para mí, y yo me sentía agobiado por el peso de sentirme responsable de su éxito tanto como del mío. Aunque era tentador tratar de ser Superman para todos los que contraté, en última instancia, me di cuenta de que eran conscientes de los riesgos y, no obstante, querían ser parte de algo más grande.

Los líderes independientes también descubren la carga emocional de su autosuficiencia, aun después de que han reunido un equipo y delegado sus responsabilidades. Como a menudo se les niega ayuda cuando otros lógicamente suponen que no la necesitan, ellos siguen suponiendo que todo depende de ellos solos. Los líderes independientes a veces tienen que superar el instinto de ser un lobo solitario y en vez de ello liderar la manada.

Cuando usted obra independientemente en medio de su equipo, detiene el crecimiento de ellos, así como el suyo propio. Usted no quiere liderar una tarea, manejar un negocio, dirigir una organización filantrópica, o guiar una iglesia si los interesados dan por supuesto que usted no necesita de su ayuda. Si quiere liderar por sus instintos, debe crear una visión lo suficientemente grande para que no pueda llevarla a cabo solo. Usted quiere algo mucho más grande que usted mismo, lo cual debe delegar a un equipo.

La interdependencia es el real indicador de que está emergiendo un líder fuerte. Cualquier cosa que usted pueda liderar solo no es mucho. Usted quiere algo que va de tal forma más allá de sus propias capacidades que se requerirá un equipo de trabajo para lograr la meta. Así que no escoja algo de su propio tamaño. Haga la vestimenta de sus sueños lo suficientemente grande como para que el hijo de sus esfuerzos crezca en ella.

Si usted tiene la valentía de asumir un proyecto que requiere ayuda, otras personas con talento invertirán en su causa. He encontrado que las personas están mucho más dispuestas a ponerse en acción por una misión que únicamente por un hombre. Los líderes inspiradores encienden dentro de nosotros una chispa que nos insta a ser parte de las llamas que están encendiendo. Cuando inspira a la gente a subir a bordo con usted, se está desarrollando como un líder instintivo.

Los líderes instintivos guían

¿Recuerda las primarias demócratas de 2008, cuando la entonces senadora Hillary Clinton competía con el entonces senador Barack Obama? Sin duda fue un duelo memorable. El índice de audiencia de las redes estaba por las nubes, y el mundo entero miraba mientras nuestra nación mantenía una conversación continua sobre quién debía ocupar el Despacho Oval. Frecuentemente, algún experto o comentarista preguntaba: Cuando suene el teléfono a las tres de la mañana, ¿qué candidato podrá ser el más hábil para responder esa llamada? ¿Cuál contestaría y nos proporcionaría la seguridad de su liderazgo?

Conocemos los resultados de ese debate, pero el tiempo de la elección no es el único momento en que debemos evaluar nuestras cualidades de liderazgo instintivo. La vida hace continuamente un llamado al liderazgo. Este llamado es con frecuencia una causa, llamando por medio de un problema, una necesidad, o conflicto. Otros dicen: "Alguien debería hacer algo", mientras que los líderes ya lo están haciendo. Los líderes pueden tener miedos o incertidumbres, pero instintivamente asumen la responsabilidad de encontrar una solución. Se niegan a permitir que sus emociones se interpongan en el camino de sus acciones.

Los que se mantienen alejados de esa turbulencia no tienen la intención de responder al llamado. La mayoría de los seguidores se vuelven frenéticos descontrolados. Se desesperan cuando llega el llamado y encuentran mucho más fácil especular en torno al refrigerador de agua que articular lo que es necesario hacer, y ni hablar de hacerlo. Al reflexionar sobre mi safari, me doy cuenta de que es más fácil recopilar datos sobre los elefantes que hacer un seguimiento de sus hábitos y localizarlos en la jungla.

Los líderes no eluden el desafío sino que lo siguen al pie de la letra. Están motivados para buscar un camino a través del desafío, crear un beneficio para todos los interesados, y usar su influencia para aumentar la eficiencia. Los desafíos que usted enfrenta ahora pueden introducirlo a un nuevo nivel de liderazgo instintivo. La forma en que responda a las pruebas de la vida revelará de qué está hecho usted.

Instintivamente usted sabe que puede liderar en las junglas en las que se encuentra. No permita que las críticas de otros o las distracciones de lo urgente lo disuadan de su destino. Los líderes instintivos saben que tienen que mantener ante ellos su identidad, propósito y pasión a fin de transitar exitosamente por laberintos y campos minados.

Hace varios años, cuando yo estaba haciendo una capacitación en medios, un instructor me dijo que no hay cosa tal como una mala pregunta. Lo único que importa en los medios de comunicación es la respuesta, no la pregunta. Aprendí rápidamente que la mayoría de los periodistas hacen preguntas, pero solamente imprimen respuestas. La pregunta no es relevante como la respuesta. De la misma manera que la pregunta de un periodista mengua en importancia ante la respuesta que da el entrevistado, lo mismo ocurre para este llamado de la oportunidad. La vida coloca una demanda en usted. *La demanda no es tan significativa como su propósito.*

Las demandas de la vida no importan tanto como su respuesta; esta distinción diferencia entre lo impactante y lo inspirador. ¿Cómo responderá usted al desafío de su vida en este momento? ¿Simplemente aceptará el problema, sucumbirá a la invalidación de la oportunidad? ¿O trazará su curso, estabilizará su proceso y organizará sus activos mientras asume el desafío que tiene ante usted? Cuando la oportunidad llama, los líderes instintivos siempre responden.

De obstáculos a oportunidades

Durante años he creído que Dios usualmente nos asciende hasta nuestro nivel de tolerancia al dolor. Así que cuando usted se queja de estar abrumado y ser incapaz de inspirar a otros para que se unan a usted, en esencia, está diciendo: "No me lleves más alto. No puedo responder más". Comience a empujar algo que no pueda llevar y verá cómo la gente vendrá en su ayuda. Pero si levanta una caja que usted puede llevar, la gente sencillamente lo mirará llevar la carga. El liderazgo instintivo nunca se retira de las cuestiones caóticas, demandas poco razonables, y cajas pesadas.

La mayoría de nosotros llevamos cargas tan livianas que hay poca probabilidad de que tengamos contratiempos. Sin embargo, yo evalúo a los líderes instintivos por su respuesta a los dilemas problemáticos. Cuanto mejor es usted en responder un desafío, más apto es para tener éxito. Los seguidores evitan la responsabilidad, al evitar el liderazgo. No tienen complicaciones siempre que hagan como se les dice. En consecuencia, sus líderes deben darles las indicaciones. Del mismo modo, un seguidor obedece directivas responsablemente, pero rara vez toma la iniciativa de ser proactivo o aceptar directamente un desafío.

Los líderes instintivos marcan la tendencia. Responden a las crisis y manejan los contratiempos de la vida, minimizando los daños y maximizando las oportunidades. Un líder instintivo irradia un aire de confianza y compostura que atrae y energiza a quienes lo rodean.

La gente no sigue la popularidad; la admira, pero no edifica sobre ella. Sí construye, sin embargo, sobre el buen liderazgo. Los empleados a menudo ponen la casa en venta, sacan a sus hijos de la escuela, y sacan una nueva hipoteca en una nueva ciudad, todo debido a que recibieron un llamado de un líder instintivo. Como los buenos seguidores confían en compartir una visión más amplia, un líder sin una estrategia es como dar una vuelta en un coche sin dirección. Las personas no se sienten seguras siguiendo a alguien que no piensa en el futuro, creando una tentadora visión de éxito y sin embargo planificando para problemas.

Los líderes instintivos manejan al deprimente, al distraído y al peligroso. Consideran estas imposiciones y oposiciones como oportunidades para poner a prueba su fuerza, ejercer su talento y ampliar su visión. Es estresante pero gratificante, agotador pero tentador. El liderazgo instintivo encuentra su realización en su capacidad para brindar una respuesta a los desafíos por medio del razonamiento proactivo y reactivo.

La vida *traerá* desafíos. Intente evitar los problemas todo lo que quiera, ¡pero es probable que entre en un tornado al huir de un vendaval! A veces usted puede saber todo lo que la investigación le puede enseñar y memorizar toda clase de planes para contingencias. Y sin embargo, cuando surgen problemas, usted descubre miedos que no sabía que tenía. El liderazgo instintivo es valentía en acción. Corta la intensidad de la crisis y responde con fuerza, agilidad y urgencia.

Una vez contraté a un agente de seguridad que sabía volúmenes de información acerca de la aplicación de la ley, la protección y la prevención del delito. Él podía enseñar el rol, y definitivamente parecía el adecuado. Sin embargo, su intelecto no podía compensar los instintos débiles. Cuando nos encontramos en un tiroteo en el aeropuerto de Fort Worth, Dallas, ¡la realidad fue que él salió corriendo y me dejó en medio del peligro!

Mi agente de seguridad no era una mala persona, pero sencillamente no podía ser eficaz en una situación reactiva. Él podía hablar de situaciones hipotéticas y de las técnicas de defensa en el aula, pero en el fragor del peligro real, su entrenamiento se fue por la ventana. Huelga decir que lo reemplacé por alguien cuyo conocimiento era igualado por su liderazgo instintivo.

Bajo presión tenemos tendencia a ir a nuestras configuraciones por defecto. Supongo que por defecto su instinto estaba atascado en huir en vez de luchar. Tal vez usted o yo habríamos estado tentados de hacer lo mismo en una situación similar; es fascinante ver lo que la presión produce en cualquiera de nosotros. A veces no podemos distinguir nuestros instintos de nuestras inseguridades hasta que vamos de la sartén al fuego un par de veces.

Aunque la mayoría de nosotros no pasamos por situaciones que amenacen la vida, sí afrontamos esa agitación que amenaza a nuestra familia, nuestra empresa o nuestros ingresos. Cualquiera que sea la amenaza, todos enfrentamos miedos cada día. Cuando los líderes eficaces están estresados o temerosos, tienen que confiar en sus instintos para sobrevivir. Cuando sopla el viento, ya sea una suave brisa o una implacable ráfaga, usted debe estar firme.

Instintos y actitudes de liderazgo

Nuestros instintos informan la manera en que hemos aprendido a liderar. Obviamente, nuestra personalidad, habilidades profesionales y habilidades sociales contribuyen a ese estilo de liderazgo que se ha desarrollado en nosotros. La mayoría de los gurús de los negocios y expertos en liderazgo suele categorizar a los líderes por la forma en que manejan los conflictos, por la medida en que incorporan a otros al proceso de toma de decisiones, y por las prioridades que guían sus acciones. Si usted desea aprovechar sus instintos para liderar tan eficazmente como sea posible, debe identificar su propio enfoque natural o por defecto al liderazgo.

De lo que he aprendido acerca de mí mismo, me inclino hacia lo que yo llamo un estilo consultivo de liderazgo. Este líder instintivamente escucha la respuesta de su equipo, estudia los datos pasados y actuales, y reflexiona sobre la investigación y las tendencias. Finalmente toma una decisión, pero no sin antes consultar todas las influencias disponibles para determinar un curso de acción que es de colaboración. Este líder instintivo en última instancia, tomará sus propias decisiones, pero evita conclusiones no investigadas.

Otros estilos de liderazgo y los instintos que forman su base pueden ser igualmente eficaces en función de los puntos fuertes específicos del líder individual. Cada estilo diferente también puede tener varios puntos ciegos que a veces pueden amenazar la capacidad de un líder para mantenerse consciente y vulnerable. Consideremos unos pocos y veamos si puede identificar el que describe su estilo instintivo actual.

El **estilo autocrático** tiene tendencia a tomar decisiones independientes de entrada. Estos líderes ya saben instintivamente lo que quieren hacer. Son decididos y aceptan la plena responsabilidad por sus decisiones. Estos líderes autocráticos pueden tener en cuenta otras variables, pero en última instancia, confían en su propia intuición y decisiones instintivas al conducir la organización. No son fácilmente disuadidos por las opiniones de otros y proporcionan un tipo predecible de seguridad por su dominio.

Los líderes con un **estilo caótico** reúnen al equipo y lo empoderan para resolver el conflicto, mientras se distancian de la cuestión que los ocupa. Estos líderes reúnen instintivamente a la gente adecuada, pero no siempre saben cómo centrarse en sus habilidades. Un líder de estilo caótico desarrolla y empodera a los que lidera ya sea para formar un comité o para luchar con el problema con lo mejor de su capacidad, y luego implementa lo que ellos deciden después que el debate se ha aquietado.

El líder de **estilo democrático** preside instintivamente basándose en las opiniones de la mayoría. Este estilo de liderazgo pone las cuestiones a votación y se siente reconfortado por la decisión que se basa en la voluntad del equipo. Este estilo a menudo halla consenso en el equipo ya que los miembros sienten que sus voces se reflejan en la decisión. Este líder puede persuadir a su personal para

ver los problemas desde una variedad de ángulos, ansioso
por hacerlos pensar en todas las soluciones y contingencias posibles. Sobre todo, él desea la unidad del equipo
y quiere que todos estén conectados diariamente al proceso de toma de decisiones.

Los directores de **estilo "laissez-faire"** sirven como
mentores y tienen grandes habilidades motivacionales.
Instintivamente inspiran al equipo hacia la excelencia,
pero a menudo se desprenden de los procesos reales de
toma de decisiones. Tratan de contratar a los mejores
y luego confían en que ellos harán aquello para lo que
fueron contratados así como perfeccionar la organización y su misión. Estos líderes se concentran en las áreas
de innovación y progreso futuro, ya que han establecido
su equipo para manejar los problemas actuales.

Los líderes de **estilo persuasivo** toman la decisión
pero pasan una gran cantidad de tiempo convenciendo y
persuadiendo al equipo de que lo que ellos ya han decidido es la mejor ruta a tomar. Este líder es un gran motivador y utiliza su encanto y carisma para ayudar a crear
un equipo de trabajo cohesionado. Instintivamente él
necesita la aprobación de su equipo y quiere que afirmen
sus decisiones y entiendan por qué las tomó, aun cuando
no estén de acuerdo.

Aunque soy instintivamente un líder de estilo consultivo, entiendo el valor de elegir un equipo que tiene una
contribución digna de consideración. También entiendo
el valor de varios estilos de liderazgo, y he aprendido que
una fuerte percepción de las fortalezas y debilidades de

cada uno me ayuda a determinar los mejores escenarios de casos, de manera similar a la forma en que un carpintero elige una herramienta para el tipo de trabajo que está abordando en el presente.

Los líderes eficaces y fuertes poseen aspectos de todos estos estilos y tienen el discernimiento para saber cuál erradicará el problema, y también maximizará el progreso. Estarán bien en sintonía con sus instintos para poder elegir la herramienta adecuada para el trabajo que los ocupa. Saben que usted no puede limitarse a ser unidimensional. Debe adaptarse a los prerrequisitos de cualquier situación dada, y tener a su disposición una amplia gama de opciones aumenta su confianza, sabiduría y capacidad de mantener la calma.

El liderazgo nunca ha sido un esfuerzo igual para todos, y los que solo tienen una tendencia no serán capaces de manejar todas los problemas o trabajar bien con toda clase de personas. Ser un líder eficaz requiere que usted entienda lo que funciona mejor en cada situación. También vale la pena esforzarse por aprender lo que funciona mejor con cada tipo de persona que usted está liderando.

Una de mis partes favoritas de la Escritura viene del consejo de Pedro acerca de cómo deben relacionarse los esposos con sus esposas. Dice: "Y trátela con entendimiento". Un buen consejo, no solo para el matrimonio, sino para cualquier empresa en la que usted busca fomentar las relaciones y crecer juntos. Es difícil liderar a alguien a quien usted no comprende.

Los instintos no están en el currículum vítae

Una lista de logros en papel nunca puede sustituir la respuesta de un líder instintivo a alguien sentado frente a él. Todos sabemos que las apariencias engañan. Los currículum vitae pueden ser retocados tanto como una modelo en la portada de la revista. En las entrevistas, no me concentro en la página de "hechos" que tengo frente a mí tanto como en mi respuesta instintiva a nuestra conversación. Así que les pregunto a los individuos sobre cómo manejarían ciertas situaciones.

Es importante para mí obtener un sentido no solo de lo que saben o a qué escuela asistieron, sino de cómo funciona su mente y el depósito de experiencia desde el cual pueden enmarcar las nuevas situaciones. Si usted piensa en un debate de una elección presidencial, muchas de las preguntas están diseñadas para determinar no solo la postura de un candidato, sino cómo manejaría circunstancias complicadas.

Es importante que usted se haya capacitado formalmente, pero eso por sí solo no garantiza que cuando el calor se encienda en usted pueda emitir juicios y decisiones bien pensados. Cualquiera que haya tenido los pies sobre la tierra en administración sabe que las respuestas del libro de texto pueden pasar pruebas, pero no construyen empresas ni iglesias. Las respuestas en el papel no inician empresas o administran personal. Las respuestas de libros de texto no producen resultados, ¡pero los buenos instintos sí lo hacen!

Tal vez mi punto de vista esté sesgado por mis experiencias, pero yo prefiero líderes que han estado en las trincheras. Tiendo a preferir personas que saben lo que significa ascender en el escalafón y ver la organización desde una variedad de ángulos y posiciones. Porque soy, lo reconozco, una persona que se levantó por sus propios medios, que se abrió camino trabajando, siempre gateando antes de caminar, valoro a las personas que han disfrutado experiencias amplias y diversas, personas que han fracasado y han aprendido algo de lo que salió mal, personas que no hicieron caso de eso y siguieron su camino. Los individuos que han seguido y recibido órdenes son más equilibrados para comprender lo que es una expectativa razonable para quienes ellos lideren más adelante. A menos que haya estado allí y haya hecho eso, usted tiene una tendencia a tener expectativas poco realistas. Sin algunas cicatrices de guerra y heridas de bala de las trincheras, la mayoría de las personas no ha desarrollado plenamente su capacidad instintiva para liderar.

El liderazgo instintivo no puede reducirse a una simple fórmula o a una serie de pasos. Se reduce a la conciencia de sus instintos, a una disposición a confiar en lo que le dicen la mayor parte del tiempo, y a avanzar paso a paso con valentía para asumir la responsabilidad. Si desea convertirse en un líder más instintivo, lo animo a buscar oportunidades a su alrededor. Ignore las que están fuera de sus áreas de interés apasionado e invierta en las que ya están vivas en su interior.

Busque individuos que sean un modelo de este tipo de

liderazgo instintivo en su ámbito y pídales que sean sus mentores. Observe lo que ellos hacen además de escuchar sus consejos. Continúe creciendo en conciencia y entendimiento de lo que lo hace salir de la cama por la mañana. ¡Suba, suba, suba y guíe!

CAPÍTULO 15

¡Los instintos no hieden!

Nuestro guía parecía emocionado, pero yo sentí náuseas. Apuntando a un lugar a pocos metros de nuestro jeep, dijo: "¿Ve eso? ¡Significa que los elefantes no están lejos!" "¡Guau", le dije, "¿más de uno?

"Sí", dijo. "Varios, y al menos uno es hembra".

Olfateando como antes lo vi hacer, traté de leer la información que él había confirmado de su fétida fuente natural, pero, bueno, digamos que yo era un novato.

En mi safari vi muchas escenas sorprendentes, pero ninguno más impresionante que esta. Del lado izquierdo de nuestro jeep, en medio de la maleza y ramas, se alzaba una enorme pila de, eh, bueno...una enorme pila de desperdicios animales. Y cuando digo "enorme", ¡me refiero al tamaño de un motor diesel de un semirremolque! ¡Uy —hablo del embalaje de algún poder!

Ahora, sé que usted puede impresionarlo que le esté

escribiendo sobre estiércol animal, pero no puede estar más sorprendido de lo que yo estaba cuando el zoólogo se detuvo y me dijo todo lo que podemos aprender de los excrementos que los animales dejan atrás. De hecho, dijo que sus residuos proporciona un sistema de pistas de alta tecnología que revela el quién, qué, cuándo y dónde de los animales de la región. ¡Yo jamás había sabido que algo que huele tan mal pudiera ser tan estupendo!

Pero la idea de rastrear el futuro mirando los restos del pasado me cautivó. Si queremos una comprensión instintiva acerca de hacia dónde vamos, debemos tomar conciencia de lo que hemos dejado atrás. Las pistas no siempre están en las cosas lindas que hemos hecho. A veces la mayor comprensión surge de los errores cometidos y de las oportunidades desperdiciadas.

La mayoría de los psicólogos afirman que el mejor predictor del comportamiento futuro es el comportamiento pasado. Pero esto no siempre significa que usted vaya a volver a hacer lo mismo. Sin embargo, sí significa que si queremos cambiar y evitar repetir los errores del pasado, debemos aprender a leer nuestro pasado de la misma manera que mi guía leía lo que los elefantes dejaron atrás. Dudo que los animales tuvieran alguna idea de que habían dejado tantas pistas sobre su identidad y comportamiento futuro. Y por muy loco que pueda sonar, estoy convencido de que dejamos atrás los mismos tipos de pistas aun cuando no seamos conscientes del rastro.

Así como un psicólogo forense—o generador de perfiles, como se los suele llamar—se mete dentro de la mente de un criminal en busca de pistas analizando motivaciones y desarrollando un perfil, debemos examinar la evidencia que dejamos atrás. Llámelo como quiera, pero encontrar lo que funciona y no funciona en la vida tiene mucho que ver con comprendernos a nosotros mismos. No es suficiente examinar el corazón y mente de los otros; también debemos examinar los nuestros.

Motivaciones erróneas

Las personas que no han desarrollado sus instintos desperdician potencial y carecen de tenacidad. Veo a la gente desperdiciar potencial todos los días, ya que carecen de determinado impulso para desarrollar sus oportunidades. A quien mucho se le dado (favor), mucho se le requiere (tenacidad). Cuando el don está dado, usted debe reforzar sus instintos con determinación y perseverancia.

Frecuentemente, nuestros impulsos y tenacidad vienen de los lugares que hieden en nuestras vidas. ¡El dulce aroma del éxito suele ser precedido por el agrio hedor de los errores pasados! Para mí, parte de ese impulso viene del lugar maloliente de haber perdido mi trabajo y tener una esposa e hijos que mantener. Ahora, ese conjunto de circunstancias no es extraño para mucha gente. Pero para mí el hedor de perder casi todo me dejó con un tenaz impulso a levantarme y seguir adelante. Cualquier proclividad displicente con la que hubiera podido ser complaciente fue erradicada por el hedor del desempleo, del embargo de los coches y del alquiler no pagado. ¿Alguna vez ha olido una bancarrota? ¡Vaya que huele mal!

Usted puede ver indicios de impulso y tenacidad incluso en las disparidades de la vida. Muchas veces lo que nos impulsa no es tanto aquello tras lo que estamos corriendo como aquello de lo que vamos huyendo. ¿Qué ha dejado usted atrás que le da angustia y energía, desdén e impulso? ¡Quizás mirando a su pasado como forense usted pueda catapultarse hacia adelante en una forma que jamás soñó poder alcanzar!

Los programas que ofrecemos en mi ministerio con reclusos han tenido un increíble éxito en ayudar a los equivocados a reencauzar su agresión inapropiada en motivación. En resumen, sus instintos pueden estar en cortocircuito por malas relaciones y conductas delictivas, pero tocando esos instintos, puede cambiar lo que lo está comiendo a usted en algo más productivo.

La mayoría de nosotros va a encontrar las raíces de nuestros instintos en nuestra infancia si estamos dispuestos a sacudir el árbol. A veces nuestros problemas actuales y los errores evidentes se producen como resultado de ignorar estas tempranas señales de la niñez. Nos sentimos frustrados y bloqueados por barreras invisibles cuando tratamos de complacer a otros sin tener en cuenta nuestros instintos.

Y, por desgracia, a menudo tenemos nuestros instintos condicionados desde fuera de nosotros por nuestros influenciadores funcionales: padres, hermanos, maestros, entrenadores, pastores y compañeros. Estamos hablando de "ser prácticos" y "ser realistas" en lugar vivir por las verdades instintivas anhelando que emerjan en nuestras vidas.

Otros que han utilizado sus instintos para tener éxito son humanos como usted, imperfectos como usted, y dotados como usted. Es posible que ellos hayan sido condicionados por su cultura para ser alguien que no eran, alguien que tuvieron que desmantelar para acceder a su identidad instintiva y dones naturales. Así que si ellos usan lo que les había sido dado, usted también puede usar lo que *a usted* le ha sido dado.

Aquí hay algunas cosas para examinar que *podrían darle la clave de cómo usted ha llegado hasta donde ahora está.*

Muchas personas parecen tener problemas para identificar su máxima pasión y dones. Suelo decirles: "Tu propósito está en sus pasiones: no solo lo que amas sino lo que odias apasionadamente". Es obvio que en algunas personas la pasión es ejemplificada por lo que les encanta hacer. Sus preferencias personales e inclinaciones profesionales hacen que sus pasiones positivas sean fáciles de detectar. Pero algunas personas no se dan cuenta de que a veces lo que usted no puede soportar también es una pista.

Si usted no puede soportar ver los malos peinados, tal vez debería considerar la posibilidad de convertirse en un estilista. Si detesta ver las casas ruinosas y la pintura descascarada, tal vez debe considerar dedicarse a la construcción o al diseño de interiores. ¿La difícil situación de las personas sin hogar lo hace estremecer? Su pasión podría llevarlo a trabajar con una organización sin fines de lucro para erradicar este problema generalizado.

Así como su instinto es su visión, su pasión es su poder instintivo. Saber lo que ama, así como lo que ama odiar, puede alimentar sus instintos en maneras que proporcionen un incremento de superoctanaje al motor de su éxito.

Gestión instintiva del tiempo

La mayoría de la gente piensa que estar ocupado equivale a ser productivo. Sin embargo, muchos estudios sugieren que el exceso de ocupación es un signo de mala gestión del tiempo y falta de concentración. ¡Usted se agota simplemente porque está dividido! No queda lugar para que operen sus instintos. Usted no puede oír lo que sus instintos le están diciendo por el nivel de ruido que hay a su alrededor.

Algunos de los matrimonios más ocupados a menudo son los más lamentables. Algunas de las personas más trabajadoras del mundo siguen estando sumergidas en deudas. Es posible que lo que más necesitan no sea más dinero sino poner mayor atención en lo que compran y concentrarse más en lo que están edificando.

Así que la idea de que estar ocupado significa ser productivo es absolutamente falsa. De hecho, algunos estudios sugieren que solo el 20 por ciento de lo que hacemos todos los días tiene lo mejor de nosotros y mejor empleado. Esto significa que el 80 por ciento de lo que hacemos cada día podría ser hecho por muchos otros. ¡Y además, las contribuciones singulares que solo nosotros podemos hacer no ocupan sino el 20 por ciento de nuestro tiempo! Imagine cuánto más de todo podría usted tener si intercambiase esas estadísticas y gastara el 80 por ciento de su tiempo haciendo lo que fue creado para hacer y solo el 20 por ciento de su tiempo enfrentando lo mundano y común. Pasamos demasiado tiempo invirtiendo en áreas que no son fundamentales para nuestra pasión y propósito centrales.

Algunas de las personas más efectivas en su ámbito pasan un tiempo considerable en el campo de golf. No están siempre corriendo con dos teléfonos celulares y un iPad colgando de su bolsillo. Simplemente se concentran en lo que mejor saben hacer. Cuando trabajan, trabajan duro. Y cuando juegan, juegan igual de duro. Curiosamente, suelen ser más productivos, y hacen las cosas instintivamente incluso en medio de actividades de esparcimiento.

Confieso que hubo momentos en que estuve tan ocupado con personas y cuestiones que no debía manejar que cuando realmente se necesitaba lo que solo yo podía aportar había agotado mi disponibilidad y mis fuerzas. En aquellos tiempos no había segmentado mi mejor uso de mi posible uso. ¡Debemos tirar nuestro desbordante exceso de ocupaciones a la pila de estiércol de los errores del pasado y concentrarnos en el dulce, instintivo aroma del éxito!

Crear espacio para que operen los instintos

Una de las cosas que el zoólogo me enseñó emerge del hecho de que muchas veces cuando los animales parecen estar deambulando en estado silvestre, siguen estando contenidos por vallas. Aunque el paisaje parece seguir hasta el infinito, tiene limitaciones. Aunque el hábitat silvestre parece natural, los animales están cercados. Como resultado, los guardias y especialistas en fauna silvestre deben quemar el exceso de malezas con el fin de mantener el equilibrio ecológico. Esta quema técnica de malezas se hace para simular la cantidad que los rebaños itinerantes consumirían si no estuvieran cercados.

Si esto no se hiciera, el terreno quedaría cubierto de malezas, resultando en el exceso de algunas plantas y animales y la extinción de otros. Los agricultores a menudo utilizan una técnica similar para llevar a cabo un "quema controlada" en algunos de sus campos. Quemar cultivos viejos frecuentemente añade al suelo nutrientes ricos en nitrógeno y lo hace aún más fértil para la próxima temporada de siembra.

Obviamente, la quema del exceso requiere habilidad. El fuego tiene que ser intencionalmente encendido y cuidadosamente supervisado y contenido. Estas quemas también ayudan a prevenir los incendios forestales, ya que un rayo no puede incendiar un área que ya ha sido arrasada por las llamas. Mi guía me dijo que por extraño que parezca, de esta forma se utiliza el fuego para detener el fuego.

Del mismo modo, debemos usar el esfuerzo dirigido para controlar el esfuerzo mal encauzado. Si usted está consumido por el ajetreo a expensas del verdadero negocio, tal vez debería establecer un nuevo y diferente tipo de fuego. Al quemar el desorden del ajetreo y dejarse tiempo para pensar y estudiar, usted puede lograr hacer menos, pero las cosas que quiera hacer serán mucho más productivas y en definitiva más orgánicas a lo que a usted le apasiona lograr.

El beneficio adicional de la quema de la maleza es una visión mucho más clara del terreno que tiene por delante. Nadie puede ver más allá de sus líneas de visión. Y cuando está abarrotada de obstrucciones, nuestra visión siempre resultará perjudicada. Así antes de seguir adelante, hago un llamado a su instintiva imaginación para responder algunas preguntas.

¿Dónde necesita despejar el camino para que tener espacio para maniobrar hacia su destino supremo?

¿Qué se debe quemar para refinar lo que usted está concentrado en hallar?

¿Cómo podría desbloquear su visión de lo que usted es, lo que podría ser, y a dónde podría ir?

Mi amigo, para tomar el control de su vida y someter la tierra que le ha sido dada, queme el desorden y establezca las bases para los próximos años de su vida. Una vez que pueda volver a ver el suelo debajo de sus pies, ¡siga las migas de pan que sus instintos han estado esparciendo! Es tiempo de lanzarse a su destino. A partir de aquí, el camino es claro y el cielo es azul. Y recuerde, mire por donde va y mantenga la nariz al viento: ¡Usted nunca sabe cuándo se puede encontrar con lo que un elefante dejó atrás!

CAPÍTULO 16

❧

Equilibrar el intelecto
y el instinto

Muchas personas viven vidas que están en pobre rotación, lo cual por consiguiente obstaculiza su movilidad, porque no equilibran lo que saben con lo que sienten. Como ve, para viajar a nuestra máxima velocidad hay que equilibrar el poder de nuestro intelecto con la verdad de nuestros instintos.

La información, a la que aquí nos referimos como inteligencia, en su forma más pura es irreemplazable en el liderazgo tanto como en la vida. No me refiero tanto a un CI como al necesario acceso a los datos relevantes, la información pertinente, y el entendimiento para interpretarla correctamente. Aunque los instintos sean tan esenciales para la exploración del diseño de su destino, ¡usted no debe desestimar los hechos por los sentimientos!

Equilibrar lo que usted sabe en su mente con lo

que sabe en su corazón requiere práctica. Este tipo de inteligencia instintiva requiere caminar por la cuerda floja entre lo que es verificable y lo que es intangible. La gente exitosa usa el instinto con el intelecto para hacer que cada uno sea más útil. Sin acceso a la inteligencia, uno no puede desarrollar principios o mantener el orden. Y sin embargo, nada de lo que usted ha leído debe reemplazar su dependencia del instinto para informar las decisiones que tome.

Los dos deben trabajar en sincronía. Si su corazonada contradice los hechos, entonces pida a gente de su confianza que los sopese antes de descartar la información objetiva que tiene a mano. Use lo que sabe y lo que siente para llegar a una decisión de síntesis, que integre realidades tanto objetivas como subjetivas.

Aunque los instintos pueden ser la brújula que nos da la dirección, la inteligencia guía el proceso a través del cual esa transición puede realizarse. Nadie puede tomar una buena decisión si tiene información deficiente. Cuanto más se esfuerce por entender los datos, más probablemente usted pueda liberar sus instintos. Ya sea que esté forjando alianzas con corporaciones o gobiernos, iglesias o clubes, inversores o accionistas, usted no puede cuantificar el valor basándose puramente en el instinto. Los datos tienen un lugar significativo en la determinación del valor y el tiempo oportuno para transacciones e interacciones.

Desde el otro lado, basarse siempre en la probabilidad de progreso por lo que aparece en el papel no asegurará el éxito. Nuestros instintos son informados por los datos con que los alimentamos. A veces no nos damos cuenta de lo mucho que realmente sabemos sobre la evaluación de riesgos hasta que miramos más allá de los hechos.

Parte del ímpetu para escribir este libro se derivó de haber estar sentado entre el zoólogo, cuyo intelecto me inspiraba, y el guía zulú, cuyos instintos me cambiaron para siempre, en un safari. Ver la importancia y la singularidad de ambos roles en la naturaleza abrió mi los ojos a la verdad universal de esta metáfora. Una persona sabia no solo equilibra el instinto con el intelecto, sino que también debe asegurarse de que la inteligencia que está usando proviene de fuentes confiables con perspectivas equilibradas.

Equilibrar los hechos

Encontrar el equilibrio entre el intelecto y el instinto puede tomar muchas formas, dependiendo de sus propias y únicas consideraciones y contextos. Por ejemplo, he tenido el privilegio de trabajar con un par de señoras que son ambas expertas en relaciones públicas y, sin embargo no podrían ser más diferentes. Como a lo largo de los años cada una de ellas ha hecho trabajos para mí, cada una se ha convertido también en amiga personal de nuestra familia.

Conocerlas personal y profesionalmente solo ha enfatizado lo diferentes que son. Una de ellas proviene de un medio político muy conservador. Antes de conocerme, nunca había estado expuesta a un afroamericano cuyos orígenes eran tan diferentes de los suyos. La otra señora, también afroamericana, es moralmente conservadora pero políticamente liberal. No creo que pudieran ponerse de acuerdo en de qué lado de la calle caminar respecto a muchas cuestiones.

Aunque ambas son queridas amigas, ¡tenerlas a ambas comentando un tema es como ver a Fox News y MSNBC, al mismo tiempo! ¡Escucharlas a las dos siempre produce fuegos artificiales, y me encanta! Su consejo combinado ha sido un recurso tremendo, que me provee un barómetro único de sus distritos para cada decisión que contemplo. No puedo decirle cuán beneficioso ha sido escuchar sus diferentes puntos de vista sobre mis decisiones pendientes. Sentarme entre sus ideas y la entrada de datos me ha ayudado a encontrar el equilibrio adecuado y me permitió equilibrar la inteligencia que ellas proveen con mi respuesta instintiva a la misma.

Si usted está sinceramente interesado en una verdad equilibrada, no se puede alimentar con datos sesgados. Usted necesita múltiples puntos de vista para ver el panorama completo. Ser capaz de distinguir principios de propaganda ha sido muy importante para mí como líder. Siempre hay alguien que está tratando de usar mi boca para expresar su mensaje. La única manera de evitar convertirse en portavoz de otra persona es canalizando la información desde una variedad de fuentes. Si toda la gente con la cual se asocia suena como usted, vota como usted, se viste como usted, y piensa como usted, entonces usted no tiene ninguna prueba de fuego para evaluar sus instintos.

Puntos ciegos

Tal vez usted ha oído la historia de un grupo de hombres ciegos que, sin saberlo, encontraron un elefante. Cada de los cuatro se movió cautelosamente hacia la criatura para distinguirla por el tacto. Uno de ellos tocó la enorme oreja y dijo: "¡Esta bestia es plana y flexible como una hoja de palma!".

El segundo agarró la enorme pata del elefante y, sorprendido por su circunferencia y textura, proclamó: "¡No, es robusto y redondo como el tronco de un árbol!".

El tercer ciego agarró la cola del elefante y dijo: "¡Ustedes dos están equivocados! Esta criatura es delgada y nervuda como una serpiente".

El último hombre ciego, apoyado contra el costado de la poderosa bestia, dijo: "¡Todos ustedes son tan estúpidos como ciegos! Este animal es fuerte y resistente, como una pared de piedra".

Obviamente, cada uno de los hombres ciegos se alejó pensando que él sabía lo que el elefante parecía por haberlo tocado. Pero en realidad solo había encontrado una parte, una pequeña parte única de todo su cuerpo. ¡Hablaban de él sin conocer sus puntos ciegos! No es de extrañar entonces que esta historia, que se originó en la antigua India, haya sido relata en tantas culturas y religiones diferentes.

La eterna verdad de los hombres ciegos y el elefante sigue siendo profundamente relevante en nuestra comprensión del equilibrio. Mucho de lo que informa nuestras opiniones está basado en dónde tocamos el asunto. ¿Vemos el elefante entero o solo la pequeña parte que podemos tocar?

Cuando alguien lo aconseja, sepa siempre qué parte del elefante está tocando esa persona. No construya planes alrededor de una descripción que es, de hecho, una perspectiva estrecha basada en haber tocado un lado de una realidad mucho más global y compleja. Siempre supe que cada una de las dos damas que he mencionado me informaba desde un lado diferente del elefante. Pero cuando interactúo con ambas, puedo equilibrar sus perspectivas y descripciones y juzgar lo que debería hacer, tomando una u otra descripción como representativa del conjunto. Como sucedió con mi zoólogo y mi amigo zulú, estar sentado entre los instintos y la información me ayudó a tener equilibrio.

Para mí, este es un lugar realmente inspirador para estar. Mientras estoy entre ellos, soy capaz de navegar de modo más eficaz y de ser mucho más flexible. Cuando usted considera cómo trabajan en conjunto intelecto e instinto, avanza mucho más lejos hacia el logro de las metas del campeón que usted estaba destinado a ser. Si una persona ignora la información completa, avanza en parcial ceguera. Imagine tener los instintos de comprar una parte de una propiedad, pero no tener una tasación sobre esa parcela. Eso es una tontería, ¿verdad? Por supuesto.

Mientras los instintos podrían revelarle a usted que esta es la tierra apropiada para comprar, la información le dice que haga una oferta basada en las tendencias del mercado. La información le habla de las escuelas de la zona y de las propiedades comparables que fueron vendidas en su vecindario. La información le muestra la edad de la propiedad y quiénes la poseyeron antes que usted. Todas estas variables son significativas para el éxito.

La inteligencia debe influir en la toma de decisiones. Demasiadas veces he visto gente que avanza basándose en caprichos y más tarde se arrepiente de la decisión que tomó. Aunque su instinto es una herramienta tan importante, no excluye las otras herramientas que usted tiene a su disposición. En general, los instintos inician el proceso que la información valida.

Ocasionalmente, me he dejado guiar por mi instinto por sobre la información porque mi sentimiento de proceder era muy fuerte. La escritura de mi primer libro, *Mujer, ¡eres libre!*, me viene a la mente. Algunos editores resistieron financiar un libro de un autor masculino principiante, destinado al mercado de la fe, que se dirigiera a las necesidades emocionales y espirituales de las mujeres. No se podían encontrar datos comparables para predecir las ventas. No existía un barómetro por el cual pudieran determinar las ventas o incluso las tiradas del proyecto.

A pesar de estos datos—o, más bien, de la falta de ellos—seguí mis instintos y publiqué el libro yo mismo.

¡Y, literalmente, millones de vidas han sido tocadas a través de ese libro! ¡Hay veces que usted debe seguir su corazonada!

Pero con más frecuencia, usted desea que sus instintos y su inteligencia colaboren entre sí, mejorando cada una con la otra. La influencia combinada de estos dos agentes de colaboración le da a usted una bien redondeada perspectiva a través de la cual puede disminuir la probabilidad de errores que lamentar. No haga obsoleto a uno a favor del otro, sino más bien desarrolle una más perfecta unión, una fuerte conjunción donde cada parte singular pueda proveerle lo suyo.

Flexibilidad instintiva

Con el fin de establecer el equilibrio entre el intelecto y el instinto, usted necesita agilidad y flexibilidad. Así como uno que camina en la cuerda floja se inclina a un lado y a otro, compensando aquí y reajustando allá, usted debe mantenerse libre y sensible. El poder del éxito impulsado por el instinto se basa en la capacidad que usted tenga para ajustarse y adaptarse. El liderazgo instintivo se basa en esta misma destreza.

La flexibilidad instintiva requiere lo que yo llamo "pensamiento de 360 grados". Ser flexible incluye comprender que todo lo que usted hace afecta a todos los que estén conectados a usted. Pensar de una manera panorámica en todos los que serán afectados por cada movimiento que usted haga le permite preparar su red por adelantado. Además, no tiene derecho a esperar que la gente se ajuste a una visión que usted no le ha compartido y una expectativa que usted no ha articulado.

Por ejemplo, les he dicho a varios líderes que querían pastorear que sus preparativos deben extenderse más allá de sus propias ambiciones. No es solo cuestión de si se sienten equipados y listos; ¿qué pasa con sus esposas, sus hijos, sus finanzas, sus negocios, sus empleados, sus reputaciones y sus comunidades? No es solo es cuestión de que usted esté listo para actuar.

Si usted está contemplando un movimiento o una transición de algún tipo, procese instintivamente todas las variables antes tomar la decisión final. Piense en las opciones, posibilidades y contingencias. Nadie podría plantar un jardín sin preparar el suelo. Las herramientas que uno utiliza para cosechar deben ser compradas antes de comenzar a plantar. ¿Vamos a enlatar los vegetales o a frizarlos? ¿Los venderemos en el mercado agrícola o los daremos a los vecinos?

En otras palabras, ¿tenemos una estrategia que anticipa todas las variables, o solo estamos centrados en nuestro propio logro? ¿Quién iría a tener un bebé sin preparar la casa? Es simplemente cuestión de preparar su vida para la nueva llegada de lo próximo que viene a su vida. Los padres suelen comenzar a comprar estanterías, a hacer la casa segura para el bebé, a preparar adecuadamente la sala, a comprar monitores de bebé, a ensamblar la cuna, a prever la inscripción en escuelas y guardería infantil, y mucho más.

O ¿por qué alguien se iría a casar con un hombre con quien tuvo una cita fabulosa sin considerar si será un esposo y padre fabuloso? ¿Tiene un trabajo? ¿Le gustan los niños? Usted puede ver cómo funciona el concepto de 360 grados. Ir por todo el círculo y mirar su nuevo emprendimiento desde todos los ángulos.

En la capacitación para el desarrollo de mi personal, el mismo enfoque es importante para nosotros. Hemos aprendido que no tener en cuenta todo es el equivalente a no considerar nada. Algunas de las mejores y más brillantes personas que conozco no están preparadas para el incremento que viene de seguir sus instintos. Pueden tener un gran plan de respaldo que gestione las crisis, pero pueden no tener una estrategia para el éxito.

Si usted no piensa en círculo, dejará desprotegida algún área. Imagínese una ciudad con un muro frontal de protección de unas pocas áreas, pero con agujeros vulnerables expuestos en muchas otras áreas. ¡Dondequiera que termine la planificación, comienzan los problemas!

¿Puedo sugerirle que se siente con un trozo de papel y escriba la idea? Dibuje un círculo alrededor la idea y escriba cada persona, lugar o cosa necesarios para llevar su sueño a la vida. ¡Usted se sorprenderá de la cantidad de personas que deben estar en la sala de partos porque va a nacer una gran idea!

Por último, si usted informa, inspira y comunica a todas las personas afectadas, no se encontrará teniendo que compensar la falta de planificación cumpliendo usted mismo todas las funciones que no asignó de antemano.

INSTINTO

Cuando las personas están preparadas—esto es, cortadas por adelantado a la medida de la necesidad[1]—las cosas se mueven suavemente.

Quizás usted no sea capaz de dar a todos los que lo rodean los instintos que usted tiene. Pero es imperativo que comparta la información. Si ellos tienen la información y usted tiene los instintos, sus metas no solo serán alcanzadas: ¡superarán cualquier cosa que usted haya imaginado!

CAPÍTULO 17

Relaciones instintivas

Nuestros instintos nos recuerdan que somos criaturas sociales, hechas para estar en relación con otros. Usted no está hecho para vivir solo. Está hecho para estar en relación para su propia realización y la mejora de su comunidad en constante expansión.

Sin embargo, en vez de maximizar la fuerza de nuestros vínculos sociales, a menudo permitimos constructos sociales y expectativas que nos limitan. Nos sean impuestas por la sociedad, nuestra cultura, nuestras familias, o nuestras propias apreciaciones y percepciones negativas, ¡solemos perder la posibilidad de hacer el máximo impacto y salimos del paso con mediocridad! Con demasiada frecuencia, nos limitamos a nosotros mismos y creamos barreras, visibles e invisibles, a las oportunidades que nos rodean.

¡Pero esta no es la forma en que fuimos hechos! Como

los leones del campo y las águilas del cielo, nacimos sin constructos inhibidores. La mayoría de los animales viven en grupos, ya sean jaurías, manadas, rebaños, greyes, o convocatorias. ¡Sin embargo, los leones no tratan de volar ni las águilas tratan de correr a través de la sabana!

Debemos mantenernos fieles a nuestros instintos. Nuestro instinto último es siempre la libertad: libertad de pensamiento, libertad de pasión y libertad de propósito. ¡Con demasiada frecuencia, tratamos de ser lo que no somos! Elevarse sin límites es una cosa, pero somos la única especie que ha construido cercas y barreras, restricciones y paredes. ¡El hombre fue el inventor de las prisiones, tanto literal como figurativamente! ¡Usted nunca va a cumplir con su destino hasta que rompa los constructos y avance más allá de los sistemas socialmente inducidos que definen y limitan lo que está dentro de usted!

Echar su red

Vivir exitosamente por instinto requiere una variedad de talentos y habilidades complementarias que trabajen en armonía para lograr resultados que excedan lo que se podría lograr solamente por puro talento o por trabajo duro. Como hemos dicho, usted debe construir equipos y conducirlos instintivamente hacia los objetivos precisos que se haya establecido.

Pero vivir instintivamente también se extenderá más allá de sus empleados, compañeros de trabajo y conocidos casuales. Siga sus instintos, y se encontrará con gente de un amplio espectro de emprendimientos personales y profesionales. Por lo general, llamamos a esto creación de redes. Y si se piensa en ello, las redes se tejen con cuerdas que van en diferentes direcciones, atadas juntas en los puntos de conectividad. ¡Las redes humanas deben operar de la misma manera!

Si usted construye la red solo con la gente que hace lo que usted hace y tiene lo que usted tiene, no hay intersección de variantes. Usted podrá hacer un buen trapeador o peluca, ¡pero no tendrá una red que beneficie al mundo! Las redes se construyen con hebras que cruzan líneas y hacen conexiones a pesar de tener direcciones diferentes o perspectivas diversas.

Las redes pueden capturar, contener y transportar más que cualquiera de los cordeles simples de los que están tejidas. Pescar con una sola línea puede ser divertido, pero siempre es un proceso lento. Jesús usó personas que manejaban una red y no una línea. Trabajar con una red tiene una ventaja que una sola línea nunca podrá lograr: el potencial de aumentar su eficacia mediante diversas asociaciones.

Instintos que exceden los límites

Si tuviéramos que considerar sus nuevas relaciones como territorios diversos—a semejanza de lo que vi en mi safari—, usted pronto aprendería que los elementos naturales no reconocen los límites que muchas veces nos imponemos. Imagine una lluvia que se quedara solamente en su parcela de tierra. Eso no es probable. O un terremoto que se detuviera en la línea de una propiedad. Esto no es normal. A veces los límites son necesarios, pero también pueden limitar su capacidad de cumplir el destino que sus instintos saben que es posible. Estos silos deben ser nivelados y estos constructos deben ser cruzados si usted va a exceder las hazañas habituales de las personas que se mantienen contenidas por las reglas en lugar de empoderadas por el potencial.

Nuestros instintos suelen llevarnos a cruzar líneas para hacer nueva conexiones. Es sabio conocer dónde está el límite, pero si usted se queda solo de su lado, ¡entonces es una cárcel! Si los animales en la jungla permanecen de un lado de un límite, también podrían estar en una jaula del zoológico. Por otro lado, no deberíamos ir tronando por un nuevo territorio sin ningún sentido de lo que estamos obteniendo.

O pensar en este instinto para cruzar fronteras de este modo: cada vez que hay una cuestión acerca de límites de la tierra, es costumbre realizar un estudio de agrimensura para determinar donde termina una propiedad y comienza la otra.

Estas mediciones ayudan a determinar quién posee cual pedazo de tierra y por lo tanto, quién es responsable de diversos gastos de impuestos por mantenimiento. Una persona no inteligente acaba de comprar un nuevo terreno y solo tomó en cuenta las palabras del vendedor. Usted podría hacer su tarea para entender donde comienza y termina la propiedad, descubrir lo que hay en la tierra, realizar un análisis ambiental para estudiar lo que hay bajo la superficie del suelo. Sin embargo, frecuentemente veo gente que camina en nuevas relaciones sin hacer ninguna investigación de los matices de lo que se aproxima. No prepararse para el nuevo territorio es casi faltarle el respeto a la oportunidad.

Levantar un plano de su propiedad no solo revela los límites sino que también incluye la topografía del terreno e indicadores geográficos tales como agua subterránea, depósitos de mineral y defectos que no se ven como líneas de fallas sísmicas. La mayoría de las veces, la gente ocupada no dedica ese mismo tiempo y consideración para estudiar sus vidas e identificar en sus relaciones oportunidades para compartir objetivos, intereses en común y beneficios mutuos. ¡Todo en su vida va a tocar otros territorios, y quiero ayudarlo a navegar para ampliar su territorio!

Los instintos inspiran

Como persona creativa por instinto, tarde o temprano usted se va a plantear una idea innovadora que excederá los parámetros de donde antes estuvo. Usted comienza tratando de lograr algo que está dentro de su alcance, y pronto se encuentra más allá de las fronteras de su territorio. Durante este viaje de forjar nuevas asociaciones y disputar nuevas relaciones, quiero compartirle las herramientas que necesita para ir más allá de los conocidos mapas del pasado. Estos cuatro principios básicos lo ayudarán a gestionar oportunidades que exceden los límites que usted u otros han depositado en usted.

En primer lugar, debe tener en cuenta su *inspiración*. Si usted tiene adentro algo que instintivamente lo inspira más allá de quienes lo rodean, esto le ayudará a entender por qué no encaja. Las personas que están hechas para liderar tienen dificultad para estar satisfechas con quienes buscan lo normal y están satisfechos con el statu quo. Sus inspiraciones instintivamente los conducen más allá de las barreras y los llevan a influir fuera de las líneas.

La inspiración nace de un instinto, una brújula interna que apunta a través de líneas familiares hacia lo desconocido. Así como una chispa enciende la yesca en una llama, la inspiración lo enciende para que actúe sobre lo que le ha ocurrido en su imaginación. Otros pueden encontrar el mismo estímulo externo, pero fallan en ser inspirados con nuevas ideas o enfoques innovadores. Los que equilibrar su intelecto con el instinto saben que la inspiración suele ser su resultado.

Su mente tiene los datos, realiza la debida diligencia y procesa información. Pero sus instintos convierten el conocimiento en poder. Su instintivo razonamiento deductivo se vuelve inspirado. Orienta su búsqueda para que se mueva más allá del alcance de los logros de las personas comunes y probablemente requerirá que sea vanguardista y corte camino a través de las cercas.

La inspiración es una herramienta muy poderosa y explica algo de la manera en que nuestra inteligencia complementa nuestros instintos. Tomamos la información como materia prima, como combustible, y luego nuestros instintos le dan forma de la manera que sea mejor para nuestras necesidades actuales. Esta capacidad de adaptar lo que conocer externamente con lo que sabemos internamente produce la inspiración para tender un puente entre ambos.

Llamémoslo una corazonada, una intuición, o un loca idea, la inspiración crea un fuego que puede proporcionar calor y energía a una situación que de otro modo seguiría siendo fría y plana.

Inspiración en acción

La inspiración por sí sola, por supuesto, no es suficiente. Aunque usted pueda expresar su idea sin la ayuda de otros, aún se enfrenta a la limitación de sus propios recursos. En otras palabras, ¡usted no puede pescar peces grandes en aguas poco profundas! Usted tiene que dejar la costa y adentrarse en aguas más profundas si quiere lanzar una red que pueda atrapar el pez grande.

Por ejemplo, tal vez usted comenzó a producir música, pero en el proceso de producción de pronto tropezó con la necesidad de su distribución. La mayoría de la gente lo vería como una limitación o simplemente vería la meta como más allá del alcance de sus posibilidades razonables. ¡Pero formar alianzas fuera de su ámbito es la forma de hacer que las cosas sucedan! Me sorprende la gente que produce libros o música que terminan apilados en el ático porque parece que los artistas no pueden forjar un acuerdo fuera del ámbito de ser un gran cantante o escritor.

El talento no es suficiente. Usted puede cantar como un ángel, pero debe pensar como un elefante si va a ir más allá de donde está. Hay demasiadas personas que malgastan su talento por timidez, miedo de ir más allá de lo que les resulta fácil hacer. Por ejemplo, tengo una amiga que es una panadera increíble. Al ser excelente en lo que hace, pronto se descubrió que con la excelencia viene la oportunidad. Sus órdenes de catering especial para eventos privados crecieron hasta que ella se vio obligada a desplazarse de la cocina de su casa a una cocina industrial que rentaba. A partir de ahí, ella llevó sus galletas a una red de televisión, y pronto las órdenes volaban tan rápido que necesitó compañías fabricantes y de distribución para mantenerse al día con las demandas.

Finalmente, chocó contra un muro. Se alejó de una gran oportunidad porque no tenía el flujo de efectivo para ampliar su negocio al tamaño de su demanda potencial. Ella se negó a considerar obtener inversores, porque la perspectiva la intimidaba.

Para mí, fue tan triste como enterrar a un ser querido ver que un sueño moría porque el soñador no sabía cómo estudiar las posibilidades y forjar relaciones más allá de su zona de confort. Ella llegó a una encrucijada donde tuvo que elegir entre reducirse o incluir a otras partes interesadas que pudieran llevarla al siguiente nivel y al otro lado de la valla, a un territorio nuevo, desconocido. Mi amiga dejó que su miedo diluyera su sueño.

Siempre que usted busque forjar relaciones que aumenten su impacto e influencia, comience inspeccionando las posibilidades y luego reconozca sus deficiencias. No tenga miedo de reconocer cuando algo le resulte demasiado grande. Pero por la misma razón, que usted no pueda hacerlo por sí solo no significa que no pueda facilitarlo si encuentra accionistas interesados que deseen compartir el riesgo.

Usted no tiene que comprar el terreno, o invertir el capital para la expansión, o convertirse en un importante distribuidor; puede beneficiarse mediante alianzas con gente que hace lo que usted no haga. De hecho, veo demasiadas personas que gastan todas sus energías conectándose con gente que solo duplica lo que ellos hacen, en lugar de construir alianzas con los que pueden transformar sus limitaciones en eficiencia. El arte de este tipo de alianzas es encontrar la conexión entre lo que ellos hacen y lo que usted necesita.

Intersección de instintos

Este ingenioso arreglo de alianzas forma nuestra segunda herramienta importante, que yo llamo *intersecciones*. Descubrir los puntos de intersección entre diversas asociaciones proporciona la clave para maximizar las oportunidades que Dios le ha dado a usted. Como un conductor que quiere llegar a un determinado destino, usted no puede llegar allí sin hacer algunos giros en las intersecciones cruciales. Yendo por la carretera, encontramos una intersección cuando una carretera que va de este a oeste cruza una carretera que va de norte a sur. Dos rutas que corren en diferentes direcciones se encuentran brevemente y se cruzan en este punto de contacto mutuo. Las carreteras no cambian sus direcciones, pero los viajeros se benefician de esta conexión ya que les permite llegar a nuevos destinos.

Cuando usted sigue sus instintos, se encontrará en la intersección de necesitar construir alianzas con gente que lo complete en lugar de personas que compitan con usted. La complementación se produce cuando usted une fuerzas con otras personas que pueden no estar yendo en su camino, pero cuya visión y la suya encuentran una intersección, y la relación se construye sobre lo que los conecta a usted en lugar de enajenarlos o dividirlos.

Encuentre los puntos de contacto de lo que tiene en común con la gente, y no esté tan inclinado a centrarse en lo que los separa. Una vez más, usted no puede hacer un giro hasta que encuentre la esquina. Este lugar de conexión es lo que llamo intersección de ideas e inspiración. Si nos basamos en lo que nos une en lugar de centrarnos en lo que nos separa—sea en una familia, una iglesia, o un negocio—podemos lograr metas increíbles con personas improbables porque entendemos el poder de una intersección.

Este proceso es el mismo sin importar la escala o el número de los participantes. Gobierno e iglesia se intersecan en el lugar de las necesidades humanas. Los negocios y la filantropía tienen diferentes metas hasta que reconocen los beneficios de la colaboración; grandes negocios necesitan beneficiarse de un impuesto y las organizaciones sin fines de lucro necesitan financiación. De repente, sus intereses se cruzan. Pero si solo se centraran en su principal diferencia, ambos perderían oportunidades de beneficio mutuo.

Usted va a perder este tipo de beneficios si solo forja alianzas con los que hacen lo que usted hace. Cuando un servicio social tiene una necesidad, la investigación dice que un negocio puede cubrir esa necesidad sin cambiar su esencia. La obra de nuestra iglesia que atiende a exreclusos necesita que nos relacionemos con dueños de propiedades en alquiler, para que podamos ayudar a ambas partes. Los exreclusos necesitan vivienda; los propietarios necesitan inquilinos consecuentes. No es que no acepten personas que estuvieron encarceladas. Lo que ellos no quieren es tener que realizar un proceso de selección para determinar quién está lo suficientemente rehabilitado para ser de confianza para arrendar. Al trabajar con las familias, los servicios sociales, y otras organizaciones de rehabilitación, nosotros podemos proveer esa selección.

Incluso personas de las mismas áreas de estudio deben trabajar juntas para resolver problemas mayores de los que cualquiera de ambas podría abordar por sí solas. Si bien todos ellos son científicos, el rol de un psicólogo es diferente al de un psiquiatra y al de un neurólogo. Uno puede darse cuenta de que un paciente tiene un problema neurológico que ninguna consejería o medicación resolverá. El paciente progresa o declina según la habilidad de su médico para encontrar una intersección con otros profesionales que proporcionen lo que hacen para lograr el bienestar del paciente. ¡Estos esfuerzos de colaboración solo funcionan cuando usted tiene la suficiente amplitud de miras para investigar fuera de su conjunto de habilidades!

Muchos aliados inverosímiles encontraron fuerza cuando aprendieron a capitalizar sus diferencias. Asociaciones empresariales, relaciones sociales y matrimonios se benefician respetando e integrando las diferencias del otro en lugar de tratar de anularlas.

Mi esposa es una persona introvertida y yo soy principalmente extrovertido. He aprendido a no tratar de hacer que ella se reposte en la multitud, y ella ha aprendido a no tratar de hacerme dormir la siesta y repostarme en soledad. ¡Yo odio la siesta y ella odia el ruido! Sin embargo, seguimos pudiendo complementarnos el uno al otro porque hemos encontrado la intersección de nuestras singularidades. Gracias a Dios que no me casé con alguien como yo: ¡nuestros hijos habrían quedado solos en casa!

Si su creatividad es libre para andar suelta, es inevitable que crezca hasta una intersección en la que debe reconocer las diferencias y respetarlas. Para construir estas alianzas basadas en la intersección de objetivos comunes, usted tiene que estar dispuesto a entender la singularidad de cada una de las otras estructuras y formar uniones para un mayor bien.

Sí, usted puede lograr cosas buenas y quedarse haciéndolas dentro de su jardín. Pero si está interesado en el mayor bien, tendrá que aprender a operar en diferentes escenarios. Cuanto más amplio llegue a ser su mundo, más flexible debe ser usted en adaptarse a los constructos sociales que juegan con reglas diferentes.

Instintos integrados

Ahora, una vez que hemos encontrado la intersección de necesidades comunes, debemos buscar el proverbial todos ganan, una estrategia convergente que abarque los resultados deseados por todas las partes interesadas, lo que yo llamo la *integración*. Ya sea en negocios, matrimonio, u otras áreas de la vida, las alianzas solo funcionan cuando las necesidades de ambas partes son conocidas y respetadas en una diversidad de oportunidades. Una integración de las expectativas es la meta que queremos perseguir.

En esta búsqueda, el arte de la negociación se convierte en una herramienta esencial. Usted no tiene que ser Warren Buffett para necesitar entender el poder de la negociación. Los que negocian desde una perspectiva egoísta de obtener lo que quieren a toda costa, sin integrar un plan de que incluya y respete las necesidades de los demás, siempre fallarán. Una estrategia integrada encara esencialmente los motivos, agendas y metas individuales de las partes en el objetivo más amplio compartido. Esta integración basada en la estrategia incluye la satisfacción de esas necesidades de tal manera que todas las diferencias sean respetadas sin perder de vista el objetivo final.

Además, permítame explicar la diferencia crucial entre el mero tolerar estas diferencias e integrarlas. El término *tolerancia* está, en mi opinión, profundamente sobrevalorado. Tolerar las diferencias podrá ser una expresión de corrección política, pero para que las personas se sientan realizadas en la vida, deben ser mucho más que toleradas. Deben sentir que sus talentos, recursos y necesidades son una parte integral de la planificación. Nadie se siente cómodo cuando meramente es tolerado. La tolerancia tiende a scr una muestra temporal. La mayoría de las personas solo pueden tolerar durante un tiempo antes de que su paciencia se agote y haga jirones la prenda de aceptación que les dieron a otros.

Si usted quiere tener éxito y correr más rápido y pensar más allá de la manada, debe negociar respetando las diferencias y acomodándose a ellas de tal manera que las personas sientan que su singularidad no solo es tolerada sino respetuosamente integrada en el plan. Las mujeres del mundo empresarial aprecian a los empleadores que incluyen licencia paga de maternidad y guardería. Estos beneficios no serán utilizados por todos, pero su inclusión indica conciencia de necesidades personales que no pueden ser ignoradas. Todos los empleados, tanto mujeres como hombres, respetan a los empleadores que aprecian y cultivan el mantenimiento del mejor talento en la empresa.

La integración de las necesidades y deseos de los participantes debe ser una parte integral de cualquier unión para que tenga éxito. Incluirme a mí sin integrar lo que usted sabe son mis necesidades como cónyuge, compañero, cliente, empleado, o simplemente colega termina por condenar nuestra relación. Si usted va a ampliar su círculo, debe cambiar su forma de pensar para integrar mis objetivos con los suyos. Sin este componente, el otro individuo, auxiliar, o empresa solo se sentirán violados por la asociación, y la oportunidad acabará por disolverse.

Ejecutar los instintos

Por último, el cuarto y quizás más importante paso es la *ejecución*. Una red no funciona hasta que es lanzada. Ningún pescador haría una red para pescar y la dejaría en el barco. Usted debe saber cómo aprovechar sus alianzas para convertir su estrategia de integración en puntos de acción. La ejecución es fundamental para la realización. Si usted no ejecuta los planes que tiene, no importa cuán inspirado sea, no importa cuán meticulosamente busca los puntos de contacto comunes de la integración, e incluso no significará mucho si integra mis necesidades en sus planes. La inspiración sin ejecución siempre conducirá a la frustración.

Cada vez que miro a través del campo y veo más allá

de la línea de mis logros, siempre significa que la relación será el puente que me llevará allí. Si construyo la relación sobre propuestas y promesas, pero fallo en ejecutar lo que predije, no pasará mucho tiempo antes de que pierda mi oportunidad de jugar en un campo más amplio. Si usted no puede aprender a ser parte del equipo y transformar las ideas en acciones, entonces las ideas se vuelven inútiles.

No puedo decirle cuántas veces he estado en una reunión o con un grupo de personas talentosas, creativas, brillantes que están atascadas en sus propias ideas. Sus ideas pueden parecen buenas y algunas muy buenas, pero sin ejecución en definitiva es imposible evaluar el valor de una idea. Para que su habilidad innata produzca un producto, cree un arte, o establezca una industria, usted debe tener puntos de acción.

¿Qué debe ocurrir para que esta campaña de comercialización tenga el mayor impacto que queremos lograr para nuestro producto? ¿Quién va a diseñar los anuncios? ¿Quién va a determinar los sitios donde irán? ¿Quién va a comprar tiempo de aire de radio? ¿Quién se va a asegurar de que todos los anuncios se alineen con el mismo tema y tengan un lenguaje consistente? ¿Quién va a seguir con grupos de concienciación de los consumidores? Y así sigue el proceso, hasta que todas las piezas están en su lugar.

Su capacidad de transformar la inspiración en una intersección donde se realice la integración solo será tan poderosa como su ejecución. Y con el tiempo, su capacidad para ejecutar llegará a ser una cuestión de completitud. ¿Es usted conocido por tener buenas ideas, pero no ser capaz de llevarlas adelante? ¿Por promesas exageradas y bajo nivel de cumplimiento? ¿O va a ser conocido como alguien que no solo sigue sus instintos de excelencia, sino que los intercambia por acción y lleva a cabo las decisiones una vez que las tomó? Especialmente en los esfuerzos en colaboración, que hemos visto que generalmente son los más eficaces, es un increíble abuso de confianza hacia las otras partes interesadas, cuando cualquier individuo no cumple su parte del proceso. Todo el mundo hace su parte con el fin de lograr resultados de gran envergadura que beneficien a todos.

Un instinto sin ejecución es solo un lamento. Como hemos visto, todos tenemos la capacidad de lograr más aparejando nuestro intelecto con nuestros instintos. Necesitamos a otras personas—más de lo que siempre sospechamos. Amplíe su red y hágala funcionar de maneras nuevas y formas instintivas: ¡usted podría sorprenderse de lo que puede atrapar!

CAPÍTULO 18

✦

Malabarismo por instinto

La pregunta que debo responder con mayor frecuencia cuando soy entrevistado es: "¿Cómo controla tantas cosas distintas a la vez?". Cuando trato de explicarlo, la mejor metáfora que puedo concebir es la del malabarista. El arte del malabarista requiere lanzar dos o más objetos en una secuencia rítmica para que continúen moviéndose sin tocar el suelo.

Si usted mantiene un objeto en su mano y la lanza al aire, en realidad no está haciendo juegos malabares. No hace más que lanzar una pelota. El malabarista se las arregla para mantener regularmente los objetos en el aire, utilizando incluso el flujo de la gravedad en sintonía con su propia destreza. Él sigue dándole a cada objeto el impulso suficiente para que todos los elementos permanezcan suspendidos y ninguno caiga fuera de secuencia.

Si usted espera vivir por sus instintos, debe reconocer que será un malabarista.

¿Cómo sucede esto? ¿Escuchó alguna vez la frase: "Una cosa lleva a la otra"? Esto también es válido acerca de los muchos mundos que usted tiene que manejar mientras avanza y toma nuevas iniciativas. Sea que usted esté ampliando sus horizontes o que sus responsabilidades actuales lo estén ampliando a usted, ¡la vida exige algo más que jugar cada día! Si usted conquista un espacio, eso crea oportunidad y responsabilidad en otros espacios y lugares. Si sigue sus instintos, eso no solo abre el ámbito al que usted aspira, sino que también expande sus posibilidades en otros ámbitos que originalmente no anticipó.

Muchas personas no se dan cuenta de que los instintos no solo son una clave para la próxima dimensión; más bien son como la llave maestra que abre nuevos mundos excediendo sus sueños más extravagantes. Lo que siente rodeado por enormes árboles y tupidos arbustos sigue y se abre en una extensión que lleva a llanuras, ríos y montañas. Cada pradera es adyacente a otra, así que mientras usted camina por la que esperaba, esa también estará interconectada con otras que usted no había anticipado.

Todo lo que usted toque estará tocando algo conectado a eso. Esta conectividad es crucial para entender cualquier campo. Los puntos de contacto se utilizan para medir el impacto de la comercialización. Las redes relacionales transmiten la energía para la economía global. Las conexiones sirven como catalizadores para las colaboraciones y las corporaciones. Nuestra conectividad tecnológica ha producido redes sociales que siguen causando que algunas empresas se eleven y algunas colapsen. ¡Las oportunidades, como la propia autopista de la información, se mueven a toda velocidad! Si usted entiende los puntos de contacto, puede ser mucho más eficaz que nunca.

Denominadores comunes

En mi caso, tengo sets cinematográficos que me requieren para la producción de películas. Tengo la escritura, que es a la vez un pasatiempo y una vocación. Tengo la oratoria, que ejerzo de vez en cuando en los campus universitarios para conferencias de liderazgo. Tengo mi ministerio en la iglesia y el equipo pastoral que disfruto liderar. Tengo la predicación, que es mi llamado y lo que está en mi corazón. Están la compañía discográfica de la que soy propietario y los espectáculos que ocasionalmente produzco. Esas responsabilidades me iban a partir si no encontraba lo que las mantiene unidas. En mi caso, el denominador común es la comunicación.

Disponga su vida y las junglas en que opera como un mapa de excursión, y planifique su viaje. Apuesto a que si encuentra los denominadores comunes puede llegar a manejarlos, poniendo sus manos en todo, tocándolos al menos lo suficiente para que les quede su marca. ¡Una cosa que todos ellos comparten es usted! ¿Qué más ve que los une? ¡Si usted está participando en ellos y es eficaz en ellos, hay algo común en ellos que conecta las junglas!

Los pensadores globales y líderes instintivos mantienen a la vista una perspectiva de cuarenta mil pies (unos 12.200 m), mientras tratan de mantener los pies en la tierra—al menos a veces. Son personas cuyas vidas o talentos las han llevado a un nivel en el cual nuevas puertas se abren a nuevas áreas de influencia, y todas ellas requieren una cierta inversión de tiempo para gestionarlas.

Por supuesto, usted no tiene que hacer malabares si subcontrata el control a otras empresas o personas y se basa en su eficiencia para gestionar las áreas que no resultan fundamentales para sus objetivos principales. Esto puede hacer su vida menos complicada, pero también la hará menos rentable y le dará menos capacidad para determinar el resultado. Es como contratar a alguien para criar a sus hijos; puede hacer su vida menos complicada, pero le da menos influencia sobre el resultado.

El crecimiento requiere que usted gestione muchas cosas, aparezca en muchos lugares, y evolucione constantemente para reaccionar a las demandas que surjan a través de las oportunidades que le fueron dadas. Ahora, en verdad, todos tenemos recursos limitados, por lo cual lo primero que uno debe hacer es decidir a qué oportunidad dedicará tiempo y cuánto tiempo se requiere para hacer que trabaje de manera eficiente.

Usted no tiene que construir una granja, iniciar una empresa o dirigir una universidad para tener ritmo de gestión y hacer malabares con las responsabilidades. Cualquiera que cocina sabe que la cocina tiene un ritmo. Esta salsa se cocina durante tanto tiempo, así que mientras está hirviendo a fuego lento mezclo la otra. Sí, los buenos cocineros tienen ritmo y saben cómo hacer juegos malabares. El asado está en el horno, mientras las patatas están en remojo. Se pone la mesa mientras la sopa está a fuego lento. ¡El ritmo es todo en la cocina!

En las sesiones de trabajo siempre he enseñado que si usted se gana la vida haciendo algo que requiere sus manos, su negocio se limita automáticamente porque solo tiene dos manos. Usted sencillamente no puede microgestionar todo y esperar prosperar. Pero el adepto malabarista mantiene todos los elementos en movimiento, dándole a cada uno de ellos suficiente atención para mantenerlos en rotación.

A todo lo ancho del mundo

Si usted tiene el tipo de personalidad, producto, o misión que sobresale, inevitablemente se encontrará operando en varias junglas diferentes al mismo tiempo. La Biblia dice: "La dádiva[1] del hombre le ensancha el camino y le lleva delante de los grandes" (Proverbios 18:16). Si usted sigue sus instintos y aplica su intelecto, su éxito lo conducirá a nuevos portales de destino y asombrosas nuevas ventanas por todo el mundo.

Desde mi experiencia y observación, esta expansión de ideas y oportunidades suele presentarse con mayor frecuencia al principio, cuando usted está concentrado en la excelencia en un único ámbito. Las personas que toman un enfoque de escopeta y apuntan a todo lo disponible no pueden mantenerse concentradas y obtener el impulso suficiente para tener éxito en ningún área. Es irónico que, cuando usted deliberadamente intenta hacerse cargo de múltiples junglas, ¡posiblemente no aprenda a sobrevivir en ninguna de ellas!

El crecimiento no siempre es el resultado de exceder límites, se trata mucho más de intereses compartidos y del área común de espacio compartido. Considere la forma en que los negocios necesitan estar interconectados y, por tanto, emergen los conglomerados. Los mercados mundiales suben y bajan y crean mareas económicas que vierten de una cultura a otra. Incluso en nuestros centros comerciales, los minoristas comparten instalaciones comunes para atraer a los consumidores comunes.

La economía del mundo está tan interconectada que los cambios económicos en un país afectan a los países de todo el mundo. Ahora los brókers tienen que ser bilingües—si no multilingües—para ser competitivos, porque la conversación ya no es común sino global. Los brókers deben preocuparse por lo que sucede más allá de sus fronteras, principalmente porque las fronteras se tocan. No solo se tocan geográficamente sino también intercultural y relacionalmente. En la medida en que ellos aprenden el lenguaje de los mundos que tocan, aumentan su avance y mejoran su eficiencia. El mensaje es claro: ¡usted ya no puede quedarse en su carril y competir en la carrera!

La gente altamente instintiva no puede aprender solamente los matices de su base de operaciones. Tienen que ser astutos, saber más acerca de los mundos que tocan y cómo entender los lenguajes, los sistemas culturales y las mejores prácticas de negocios, para satisfacer esas necesidades con competencia y comprensión. Le puedo garantizar, cada acción que hace está tocando más de lo que usted piensa. Debe tomar conciencia de que lo que usted hace en su rincón afecta a toda la casa, porque todos estamos inextricablemente interconectados.

De una jungla a la siguiente

Descubrir la interconectividad de sus diversas junglas a medida que se lanza a nuevas aventuras de autodescubrimiento mejorará su viaje. En el nivel personal, una vez que salga de su jaula será menos probable que vuelva a permitir que los límites le definan posibilidades. Más allá de la experiencia personal, descubrirá un sentido general de propósito y destino que lo guía más allá de su territorio. Escuchar sus instintos le da una de las mejores oportunidades para hacer una verdadera y significativa diferencia en el mundo que lo rodea.

El suelo que pisa reverbera con las decisiones que usted toma y hace eco con las opciones de su estilo de vida. Como todo lo que se propaga por contacto, la influencia instintiva no puede ser planeada, controlada o regulada. Sus instintos lo llevarán a través de la frontera y al otro lado de la cerca, y con eso vienen la colaboración y la cooperación. Una vez que tiene un sentido de vivir por instinto, usted reúne equipos improbables, conectando personas, lugares y cosas de una manera que otros antes que usted nunca hubieran imaginado.

En poco tiempo, sus ámbitos simultáneos se alinean como los radios de una rueda que lo tiene a usted como su centro de operaciones. Y como su círculo de contactos se sigue ampliando, lo hará ser capaz de cubrir más terreno con cada revolución.

Pero no se trata de girar la rueda más rápido o de ganar una carrera, sino de su dirección, su propósito. La conectividad no debe ser utilizada para inflamar a los codiciosos o potenciar a los egoístas. Ella le provee una guía para desenterrar su poder para funcionar en diversas órbitas de una sociedad pluralista, para un propósito mayor que usted mismo. Es esta búsqueda de su propósito y pasiones lo que lo lleva a un contexto más amplio, a explorar nuevas posibilidades y desafiar limitaciones. Es la conciencia de la manera en que el cumplimiento de su propio destino permite a otros a cumplir el de ellos, tanto a través del ejemplo como por medio de la conexión.

Notificación de roaming

Cuando me disponía a viajar a Sudáfrica, se me recordó la necesidad de ponerme en contacto con el proveedor de mi servicio de telefonía celular y notificarle que activara la cobertura internacional. Aunque algunas compañías tienen planes amplios, muchas de ellas varían las tasas en función de los países específicos donde se estará viajando. Como un teléfono celular, sus dones trabajarán en otras junglas, otros países y otros ámbitos. Así que entender el reto no concierne tanto a cómo operarán sus dones, personalidad o talentos en otros entornos, sino a cómo acceder simultáneamente a esos múltiples ajustes.

¿Adónde lo están conduciendo sus instintos? Su primer paso en aprender a hacer malabares con los ajustes sin problemas, puede ser mirar adelante y anticipar cuál podría ser el rumbo. ¡Aunque nunca se sabe adónde lo pueden llevar sus dones instintivos, eso no significa que usted no configure su GPS hacia un destino! Mire a la vuelta de la esquina y considere dónde quiere estar en seis meses, dos años, dentro de una década.

Nunca es demasiado temprano para iniciar este proceso. Ya como niños, los sueños que teníamos y la dirección brindada por nuestros padres y mentores frecuentemente nos situaron en una trayectoria para el triunfo. Estoy eternamente agradecido por la increíble visión que mis padres tenían al permitirme visitar lugares y estaciones de la vida que iban más allá de donde empecé. Aunque nuestra familia tenía modestos recursos, no teníamos sueños empobrecidos. Así que, siempre que pudieron, mis padres plantaron semillas para el éxito en mí y en mis hermanos.

Nos llevaron por barrios hermosos y bien cuidados y nos señalaron mansiones exquisitas que sabían que nunca tendrían. Nos permitieron degustar cocina gourmet, escuchar óperas, ver ballets y reflexionar sobre obras de arte. Sí, no nos podíamos quedar mucho tiempo ni comer mucho, pero mis padres sabían que usted no puede convertirse en lo que no ha explorado. Sabían que no nos podíamos quedar allí en ese momento, pero querían que vislumbráramos cómo podría desarrollarse nuestro futuro. ¡Querían que nuestros talentos instintivos tuvieran roaming más allá de nuestra presente cobertura!

Usted ve, frecuentemente la libertad es tanto un estado mental como es un estado del ser. Ellos nos dieron la libertad de saber qué había allí afuera con la esperanza de que eso encendiera dentro nosotros algo que podríamos ser o hacer. Ellos no sabían dónde terminaríamos o las formas en que nuestros mundos se expandirían y evolucionarían. Probablemente no consideraran que todo lo que tocamos nos lleva a una nueva puerta de entrada para el éxito futuro. Ellos simplemente sabían que querían ampliar nuestro mundo.

Y es más

Mientras aprendemos a hacer malabares, frecuentemente no percibimos el ancho de banda de nuestras capacidades. Equivocadamente pensamos que debemos eliminar o ceder una jungla para entrar en otra. Pero esta es la noticia de última hora: ¡esto no es lo uno o lo otro!

Muchas veces las personas optan por lo que viene a expensas de abandonar lo que es. Usted puede comenzar un negocio *y* mantener su carrera. Usted puede explorar su pasión por la música *y* formar una familia. Usted puede permanecer en la escalera corporativa *y* completar su grado universitario. ¡Ya no esto *o*, sino *y*!

Es posible añadir sin restar. Si usted agrega infraestructura para aumentar, ¡termina con imperios que empoderan más de lo que hubiera podido imaginar! La idea de gestionar más intimida a algunas personas, porque añaden restando. Su forma es añadir esto, quitar eso, y básicamente cambiar lo uno por lo otro. Olvidan los movimientos creativos y estratégicos que se adaptan a *y*.

Es de esperar que su copa desborde. No solo que desborde con abundancia en su propia vida, sino en las vidas de quienes lo rodean. Su capacidad de hacer malabares con múltiples mundos afecta directamente a su comunidad—produciendo nuevos puestos de trabajo, nuevas ideas y nuevas universidades.

¿Universidades? ¡Sí! No necesariamente las instituciones de educación superior que normalmente vienen a la mente, sino una comunidad de personas que están aprendiendo unos de otros. Una universidad es simplemente una comunidad de profesores y estudiantes, expertos y aprendices que trabajan juntos, o, como es expresado en latín, *universitas magistrorum et scholarium*. La noción que prevalece es que los que van ascendiendo aprenden de los que van delante de ellos.

¡Aprender de los maestros impide convertirse en cautivo! La mayor parte de las personas de gran éxito y realización han gestionado muchos mundos, lo que yo aquí estoy llamando "junglas". ¡Cuando vemos a estas personas en el rol de modelos, mentores y maestros, recibimos lecciones de malabarismo!

Si usted utiliza este principio incluso a pequeña escala, lo hará poner orden en su caos y cambiar la forma de percibir los obstáculos que haya en su camino. Emergen más oportunidades cuando usted organiza una vida desordenada. Usted puede tener una actividad filantrópica *y* rentable, hacer trabajo *y* voluntariado, criar a los hijos *y* tener una carrera, si capta el principio. Usted puede agregar a lo que tiene sin perder lo que ha logrado, ¡si deja de sujetar todo con tanta fuerza y sencillamente aprende a hacer malabares!

Diversificar sus sueños

Su vida debe ser tan diversa como sus intereses. Piense en la diversidad exhibida en un centro comercial: un edificio con tiendas diversas, pero el costo y el liderazgo compartido. Un centro comercial es la reunión de muchas tiendas en una ubicación común. Mire lo que la combinación de fortalezas hace a la comercialización, la gestión, las necesidades de seguridad, el tráfico de clientes y el aparcamiento: un centro comercial alberga bajo un mismo techo lo que aparentemente no tiene relación, y lo administra a pesar de su diversidad.

El concepto de un mismo techo unifica la diversidad. Encontrar un mismo techo, o en otras palabras, los puntos de conexión, es esencial para realizar una mejor gestión y movimiento más rápido para su vida. Entender lo que están tocando las cosas que usted toca le ayudará a moverse lateralmente y no dar saltos locos en elecciones extravagantes. Uno de los puntos de conectividad en su mundo es usted. Usted es el interés compartido. Usted es la marca final. Pero puede haber otros, así que siga buscando.

En el caso del centro comercial, vemos muchos. Todos ellos necesitan luces y calor, aire acondicionado y mantenimiento. Todos ellos necesitan administración y, lo más importante, todos ellos necesitan gente. Cuando usted encuentra lo que es común en su vida, eso reduce el estrés y organiza el futuro. Y usted no tiene que ser la Galleria o el Mall of America para beneficiarse de la organización de los diversos intereses en un todo estructuralmente integrado. Las tiendas exitosas no pueden desechar lo que les trajo éxito, aunque sigan innovando hacia lo que está delante de ellas.

Las demandas de su vida no tienen que ser idénticas para estar interrelacionadas. Esa pasión que tiene, la vitalidad de su intelecto, las experiencias que ha obtenido, lo ayudan a impulsarse hacia adelante como un cometa, crecer en un planeta, y pronto llegará a ser un nuevo universo. Esto, literalmente, significa que en poco tiempo usted será el desarrollador y custodio de muchos campos.

Ahora es el tiempo de que usted construya un equipo que le permita hacer mejores malabares con las responsabilidades y las oportunidades que lo están esperando. Lo que yo quiero obtener de este capítulo es cómo tocar todo lo que usted tiene, todas las diversas áreas de su vida, desde una posición de instinto maximizada.

CAPÍTULO 19

Instintos adaptados

Aun cuando seguimos nuestros instintos, sin saberlo podemos caer en patrones perjudiciales. Lo hacemos porque en un tiempo un procedimiento o método funcionó, pero parece que ahora no podemos darnos cuenta de que lo que una vez fue suficiente, ya no satisface. Sabemos que el mundo está cambiando constantemente en torno a nosotros, pero seguimos yendo varios pasos detrás de los intentos de nuestros instintos por mantenerse al día con esos cambios. Adaptarse a nuevos mundos, nuevas ideas y nuevos conceptos es importante en cualquier esfera de la vida, pero quizás todavía más cuando uno vive por instinto.

No todas las prácticas del pasado siguen siendo buenas prácticas. Por favor, comprenda que esto no es un llamado de atención para cambiar por el cambio mismo. No, es más acertadamente un desafío a no bajar la guardia a los cambios que ocurren a su alrededor, y hacer ajustes a las ideas y conceptos antiguos que pueden haber dejado de ser útiles. En una relación, el matrimonio se desliza hacia la monotonía. En un puesto de trabajo, el entusiasmo se funde en la mediocridad. En una empresa, lo irreemplazable se convierte en irrelevante. En un ministerio, la determinación se deteriora en decoración. No importa su perspectiva o preferencia, las viejas ideas que no revisamos se convierten en la puerta de entrada a lo anticuado.

Muchas veces me veo forzado a luchar con mi propia atracción hacia lo familiar. Mi necesidad de tener coherencia frecuentemente debe ser revisada para sostener la aventura de lograr resultados tradicionales en formas no convencionales. Los objetivos que deseo pueden no haber cambiado, pero mis métodos tienen que adaptarse constantemente al ritmo de un mundo siempre cambiante. Porque, nos guste o no, el suelo se mueve bajo nuestros pies lo sintamos o no. Si usted desea permanecer en la habitación con los elegidos y no en el sótano de las reliquias, sus ideas deben seguir fluyendo y su enfoque mantenerse flexible al implementar esas ideas.

Hace algunos años, nos manteníamos en contacto con nuestros socios enviándoles cartas por correo. Era importante y necesario, efectivo y atractivo. Obtuve la mayor parte de mis respuestas de correo, y tuvimos empresas que nos ayudaron con nuestra base de datos de correo. Ahora los contratos con esas empresas se mantuvieron en su lugar, pero el ajetreo me impidió darme cuenta de que estábamos haciendo las mismas cosas que siempre habíamos hecho con cada vez menos resultados. Les estábamos enviando cartas a personas que nos respondían por *correo electrónico*. ¡Uh! Parece obvio que era necesario un cambio, ¿no es así?

Bueno, eso habría sido si yo no hubiera estado adormecido por ocupaciones y distracción. Supongo que aquí tomó casi un año que Rip Van Winkle despertara y oliera el café. El mundo había cambiado debajo de mis pies, pero mi sistema de alcanzar a la gente no había cambiado para mantener el ritmo. Una vez que reconocí el problema, tuve que volver a ajustar los sistemas y descubrí que la antigua empresa que nos ayudaba con los envíos a nuestro público ¡estaba roncando en la cama junto a mí! Ellos no habían actualizado su equipamiento o método de alcanzar personas para dar cabida a las nuevas tendencias, o ambas cosas.

Me recuerda la forma en que mi esposa continuó cocinando comidas para los niños que vivían con nosotros, ¡para luego descubrir la abundancia de sobras! Nuestra casa era una colección de platos de Tupperware y papel de aluminio, todo ello porque las prácticas del pasado no habían sido cuestionadas cuando nuestra casa había cambiado. ¡Como nido vacío, el triturador de basura comenzó a comer nuestras sobras estropeadas más rápido de lo que puede pitar el contador de tiempo de un horno de microondas!

Una vez que nos dimos cuenta de que nuestro hogar familiar había cambiado, comenzamos a cambiar nuestras prácticas para ponernos al día. En todas las áreas teníamos que tener una charla. Tal vez no necesitábamos paquetes familiares de chuletas de cerdo cuando solo estábamos los dos para cenar. Tal vez la compra de alimentos básicos tales como el azúcar, la harina y la sal en grandes cantidades ya no resultaba rentable. Descubrimos que no ser flexible es costoso y muchas veces inefectivo.

De pronto me di cuenta de que nos habían sorprendido con los ojos cerrados al hecho de que ¡el cambio en cualquier lugar significa cambiar en todas partes! ¡Menos lavandería, menos servicios públicos, no más dejar la llave de afuera en la maceta para los adolescentes que volvían tarde! Habíamos sido recalibrados por las decisiones de otros y no se había evaluado el impacto que sus decisiones tendrían en nuestras vidas. El cambio, por supuesto, no es algo malo, es genial ver a nuestros hijos convertirse en adultos y lanzarse a vivir sus propias vidas independientemente. ¡Sin embargo, si no nos hubiéramos ajustado, habríamos continuado perdiendo algunos de los beneficios de esta bendición!

Longevidad instintiva

Nuestra propia supervivencia y capacidad de sostener nuestro éxito se basa en nuestros instintos. Por ejemplo, un equipo arqueológico decidió hacer una investigación sobre los restos de los huesos prehistóricos del apatosaurus. Este fue uno de los dinosaurios más altos, que podía pararse sobre sus patas traseras para comer la vegetación del más alto follaje de esa época. Sus prácticas pasadas se habían sostenido durante años. Pero como su especie continuó reproduciéndose más y más, el crecimiento de la vegetación de su época no siguió el ritmo de la demanda. En el punto de saturación, ¡había muchos más apatosauruses que follaje en las cimas de los árboles! El suministro no pudo seguir el ritmo de la demanda.

Esta criatura, aparentemente, no pudo adaptarse. Usted debe ser sensible a los cambios del medio ambiente para poder adaptarse en consecuencia.

Mientras que otros animales prehistóricos enfrentaron la extinción a causa de los depredadores y los cambios climáticos, la teoría dice que el apatosaurus, también conocido como brontosaurio, se autodestruyó simplemente porque no hizo la adaptación instintiva necesaria para doblar su cuello y comer el follaje de un poco más abajo de los árboles. Probablemente la especie entera podría haber durado más si el apatosaurus no hubiera sido inflexible en su capacidad de ir más allá de su práctica anterior. La muy necesaria fuente de alimento estaba literalmente a un corto radio de donde ellos enfrentaron el agotamiento total. Justo debajo de las ramas estériles creció una abundante fuente de alimento que fácilmente los hubiera nutrido.

¡Esta ilustración toma el término *duro de cerviz* en un nuevo nivel! Cuando usted o quienes lo ayudan desarrollan una visión obstinada de las posibilidades que lo rodean, eso puede tener consecuencias letales. Aumente el radio de su pensamiento y creatividad, y encontrará el follaje nuevo. Lo vemos todos los días en matrimonios en segundas nupcias, nuevas gestiones en antiguos negocios, y nuevo liderazgo en las iglesias. Lo vemos en el cambio de personal de una escuela. Es una tragedia cuando alguien podría, con menos rigidez, convertir su desierto en un huerto implementando cosas simples que estaban dentro de su vista, pero fuera de su radar porque usted está comprometido con "la manera en que nosotros hacemos las cosas".

Piénselo de esta manera: si usted es demasiado predecible en cualquier área de su vida, ¡es posible que allane el camino para su propia extinción! Reflexione por un momento en cómo suele reconocer y considerar los cambios a su alrededor. ¿Es su incapacidad para adaptarse al mundo que lo rodea su mayor enemigo? ¿Sería posible que usted pudiera satisfacer necesidades tradicionales de maneras contemporáneas?

El verdadero desafío para muchas personas, matrimonios, ministerios y empresas es que no tienen a su alrededor personas con bastante entusiasmo estirador de cuello para mezclar sus fuentes de inspiración e innovación. ¡Las cimas de sus árboles quedan despojadas del nutrimento creativo que se requiere para adaptarse y prosperar! Necesitan personas que estén viendo siempre el cambio de tendencias, alumbrando nuevas ideas y vislumbrando nuevos horizontes. Necesitan mentes ágiles y tal vez cuellos ágiles para romper las reglas convencionales e ir a contrapelo cuando sea necesario.

Los pensadores heterodoxos son creativos. Ellos se desvían de lo tradicional a lo transformador y entran en el nuevo follaje al discernir los tiempos, ¡y haciendo los cambios necesarios para, al menos, mantener las cosas iguales si no las hacen mejor! La gente terca destruirá oportunidades vitales porque no puede adaptarse a las tendencias y cambios que suceden a su alrededor: ellos siguen demasiado concentrados en definirse a sí mismos por las prácticas del pasado. Piensan "Yo nunca he…" cuando realmente significa "No puedo evolucionar". Lamentablemente, a menudo terminan en el valle de los huesos secos.

Mejores instintos, mejores prácticas

Mientras adapta instintivamente sus prácticas anteriores a los cambios que ocurren a su alrededor, por favor entienda que sus ajustes pueden o no ser las mejores prácticas. Las prácticas del pasado nunca toman el lugar de las mejores prácticas. Y las mejores prácticas se modifican a menudo cambiando estaciones y etapas de evolución. Lo que es mejor cuando usted tiene veinte puede no ser lo mejor cuando está en los cincuenta. Lo que es mejor cuando es soltero puede no ser lo mejor cuando está casado.

Comprenda que aunque no esté dirigiendo una empresa, usted sigue teniendo una marca. Su marca personal puede mantener sus valores fundamentales, pero es peligroso quedarse en prácticas anticuadas. Las mejores prácticas siempre son afectadas por las nuevas invenciones, nuevas relaciones y nuevas oportunidades. Las personas que tienen miedo al cambio tienen miedo al éxito.

En mi ministerio he aprendido que mis valores rara vez necesitan un ajuste. Son las ideologías éticas que definen quiénes somos como iglesia. Pero, al mismo tiempo, si lo hago todo de la manera que hice cuando empecé, en realidad no estaría creciendo en absoluto. El mensaje no se cambia, pero el método siempre debe evolucionar.

En mi actividad privada, el mismo principio se aplica aún en mayor medida. No solo el cambio de método, sino que a veces el mensaje también cambia. Cuando nuevas experiencias alteran la forma en que hacemos negocios, y nuevas oportunidades desencadenan posibilidades que originalmente no estaban disponibles, tenemos que adaptarnos.

Así que he aprendido a hacer periódicamente evaluaciones de lo que fue y lo que es. En mi matrimonio de vez en cuando mi esposa y yo tenemos citas más frecuentes. Durante estas temporadas, volvemos a explorar la vida del otro y hablamos de en quién nos hemos convertido. Como resultado, hemos aprendido que una de las toxinas más letales para nuestra relación es la previsibilidad. Mantener renovada nuestra vida en común significa no dar el uno al otro por sentado y suponer que la alegría que se brindan mutuamente sigue siendo la misma. Así que a medida que maduramos y nos desarrollamos lo que realmente ayuda es la amplitud de miras.

Darnos mutuamente el derecho a crecer y cambiar juntos nos ayuda a no distanciarnos.

Reaprender lo que usted pensaba que sabía bien es importante en todas las facetas de la vida. Es presuntuoso creer que el silencio significa contentamiento. En todas las áreas de su vida, es imprudente pensar que el silencio es igual a consentir. Muchas veces la frustración se viste de silencio en beneficio de la corrección política. La gente va con la corriente para mantener las aguas tranquilas. Así que cuando usted implementa cambios para mantenerse al día con giros inesperados de la vida, entienda que se puede encontrar con algunos rápidos de aguas bravas. En otras palabras, dar a la gente libertad para ser honesta puede causar discusiones dolorosas a la corta. Pero a la larga, lo salvará de la dolorosa extinción de la vitalidad que hace que la gente quiera estar cerca de usted, o trabajar para usted.

En cualquier momento en que evalúe a alguien por lo que era sin tener en cuenta en qué se ha convertido, se está destinando a usted mismo al fracaso. La gente cambia. Evoluciona. Crece y se desarrolla y quiere ser utilizada hasta su máxima capacidad. La estabilidad y la seguridad son importantes, pero no a expensas de la vitalidad y la alegría.

No sé usted pero yo realmente odio oír a alguien decir: "Te conocí cuando...", como si eso significara que el cambio no fuera bueno para mí. Todos maduran: ¡Cualquier cosa que no cambia es fruto que está muriendo en la vid! ¡Las personas son más felices cuando pueden ser apreciadas por lo que son y no solo por lo que eran cuando las conocí! ¡Nuestra capacidad de crecer y cambiar, aprender y expandirnos, nos mantiene curiosos, carismáticos, excitantes y frescos!

Como muchos aspectos de la vida, esta capacidad de adaptación y crecimiento requiere ser instintiva y no solo informativa. La información se basa en evaluaciones pasadas, pero los instintos señalan que algo ha cambiado. Para estar seguros, la gente a menudo se transforma frente a nosotros, pero nos lo perdemos porque confiamos en la información antigua o en una evaluación pegada a nuestra primera impresión de ellos.

Sin embargo, confiar en lo que usted sabía acerca de una persona es tan inútil como el periódico del año pasado. Las personas necesitan ser apreciadas en el nivel en que están ahora. Esto es especialmente cierto cuando se están mejorando constantemente a sí mismos, pero quedan encarcelados por la manera en que la limitada visión de usted los contiene. Para ser sensible a los cambios, usted tiene que prestar atención a las personas. Mirar a una persona es muy diferente de meramente verla. Esta falta de atención puede impedirle anhelar algo que es realmente accesible para usted, ¡pero no fue detectado por usted! A mí me ha sucedido.

Debajo de sus narices

Hace unos años yo estaba entrevistando candidatos para un puesto muy importante de mi organización.

Había contratado a una empresa para que me asistiera, pues había llegado a aprender que el capital intelectual es muy importante en los negocios. En muchos sentidos, las personas inteligentes son más significativas para el crecimiento que el capital económico. Este puesto probablemente transformaría mi empresa y me permitiría delegar responsabilidades que por derecho debía hacer algún otro. Yo tenía un gran respeto por el puesto, y tenía cazatalentos buscando arriba y abajo una persona que pudiera captar rápidamente la cultura de nuestro negocio y moverse con destreza en la innovación con la menor perturbación de la química que nos define.

He revisado varios maravillosos currículum vítae— por supuesto, ¡los currículum vítae son *siempre* maravillosos! Pero cuando empezamos a investigarlos, me di cuenta de que la mayor parte de los solicitantes no eran adecuados para el puesto que yo estaba tratando desesperadamente de llenar. Me frustró que fuera tan difícil encontrar la persona adecuada.

Mientras la búsqueda continuaba, un día yo estaba yendo a una cita con un empleado relativamente nuevo de nuestra empresa. Él dijo: "Usted sabe, ¡creo que el señor Wilson"—no es su verdadero nombre—"sería tremendo para ese rol!". Manteniendo cara de póquer, me dije a mí mismo "Eso es ridículo".

Yo conocía al señor Wilson desde hacía años, y lo que hizo para nosotros estaba muy lejos de lo que esta nueva posición requería. Pero tengo la costumbre de jugar una o dos veces con la mayoría de las conversaciones antes de tirarlas a la basura. Y cuanto más pensaba en ello, más esta conversación se negaba a ser eliminada. De hecho, cuanto más pensaba en lo mucho que el señor Wilson había crecido como persona y se había mejorado a sí mismo en el camino, más pensaba que mi nuevo empleado tenía razón. Así que terminé contratando al señor Wilson en ese rol, y ha sido de gran valor desde entonces.

En ese tiempo, sin embargo, me quedé perplejo. ¿Cómo podría alguien sin experiencia real en esta particular área entrar en mi organización y ver las cosas que yo, siendo su fundador, no había podido ver? Finalmente me di cuenta de que mi pasada definición de esta persona me había cegado a futuros potenciales. Fue increíble para mí que lo que estaba buscando estuviera delante de mis narices y yo no lo viese. Claramente, casi pasaba por alto el hecho de que algunos de mis mayores recursos ya estaban conmigo. Pero yo los había traspapelado porque los había seguido viendo como lo que eran antes y no como lo que habían llegado a ser.

Mi amigo, dé una buena mirada a su vida. Inspeccione de cerca a los que tiene a su alrededor. Usted puede estar clamando por algo o alguien que está más cerca de lo que jamás se imaginó. ¡Mi desafío para usted es que baje su cuello, aumente su alcance y nunca dé por supuesto que lo que ha visto antes es todo lo que hay para ver! Reexamine lo que tiene y que está cerca de usted. ¡No tenga miedo de dejar que otros vean cómo ha cambiado instintivamente!

✦

CAPÍTULO 20

Instintos cima de árbol

Hace algún tiempo me pidieron que fuera periodista invitado y contribuyera con una serie de artículos de opinión en un prestigioso medio de comunicación. A pesar de mis temores de que mi estilo de escritura y destreza mental no se podían comparar con la impresionante lista de otros colaboradores que participan en el foro, aproveché la oportunidad y empecé a escribir ideas. Por tema elegí un asunto bastante interesante pero no controvertido y lo abordé con toda la investigación y habilidades de escritura que pude reunir.

Este fue sin duda un nuevo foro para mí, y como la mayoría de nosotros, cada vez que entro en un nuevo escenario quiero hacer mi mejor trabajo. Así que antes de presentar mi entrada, se la pasé a algunos de mis colegas más brillantes, todos los cuales la consideraron una presentación estelar digna de la marca de ese foro notable.

Entonces, con un sentido de confianza, golpeé el botón *Enviar*, y unos pocos milisegundos más tarde, estaba en manos de la editora. Ella se asombró e impresionó al respecto en su respuesta, e iniciamos un proceso que realmente disfruté…¡hasta que leí la copia impresa!

Inmediatamente después de la publicación, los comentarios en línea fluyeron y todo el mundo tenía algo que decir. Algunos fueron aportando ideas y pensamientos, otros eran corteses y alentadores. Pero luego llegué a las diatribas e insultos, y mi corazón se hundió en mis zapatos. Leí post tras post ocupado con observaciones tan asombrosamente mordaces.

Algunos de mis respondedores negativos me atacaron como individuo, a pesar de que en realidad no me conocen a mí ni lo que soy. Otros críticos atacaron el tema de mi artículo. Algunos ni siquiera parecían estar relacionados con lo que había escrito, solo querían desahogarse.

Ni qué decir, estaba anonadado. Conmocionado y horrorizado, pero seguía decidido a penetrar los estándares y ganar el respeto de los lectores. Escribí otro artículo para el foro. Los resultados fueron los mismos.

En el momento en que llegué a mi fecha límite para la cuarta contribución, di alguna excusa por no contribuir en la próxima edición y me dispuse a retirarme del foro, suponiendo que yo estaba no estaba a su nivel. Sin embargo, unas semanas más tarde me encontré con la editora en una conferencia. De inmediato me preguntó: "¿Por qué has dejado de contribuir a nuestro foro?"

Muy avergonzado, dije: "Tengo la impresión de que realmente no estoy a la altura de los estándares de sus lectores".

"¡Es una broma!", exclamó en shock. "¡Porque sus entradas fueron algunas de las de más alta puntuación!"

Ahora fui yo el sorprendido. Así que empecé a explicarle los comentarios negativos que constantemente había encontrado después de cada artículo. Ella se echó a reír en mi cara y dijo: "¡Esas personas no son nuestro público! Nuestro público es en gran parte de intelectuales que leen el contenido y rara vez hacen un comentario que no sea para expresar otra idea filosófica que consideren significativa para añadir al diálogo. ¡Incluso yo rara vez leo los comentarios después del artículo! Esas voces estridentes, enojadas, no quieren ser entendidas. Solo quieren hacer ruido. ¡No tienen nada sustancial que decir!".

Me reí y me alejé, decepcionado conmigo mismo por permitir que algunos tiros de bolas de ligas menores me dejaran fuera de una oportunidad de la liga mayor. ¿Por qué permití que lo "pequeño" me sacara de lo "mucho"?

Por algún tiempo, no pude explicarme por qué mi sensibilidad había atacado mi oportunidad. No era propio de mí ser tan fácil de intimidar.

Pero entonces vi las jirafas.

Degustar las cimas de los árboles

Mi reacción defensiva fue un misterio hasta que me vino a la mente durante mi safari. Al ver a una manada de jirafas ilustrar un principio fundamentalmente instintivo, encontré mi respuesta en este sorprendente grupo de imponentes tutores de la naturaleza. Fuera de Johannesburgo, a través de la llanura de Sudáfrica, un grupo de jirafas al galope me instruyó sobre lo que significa comer al nivel del ojo.

De mi guía, junto con un poco de investigación en línea, aprendí que las jirafas son ungulados, el mamíferos más alto de la tierra. Los machos pueden alcanzar alturas de veinte pies (aprox. 6 m) en el aire, estirando sus cuellos de seis a siete pies (aprox. 2 m) por encima de sus torsos. Una especie señorial. De hecho, con sus cuellos alargados, ágiles cuerpos y fuertes piernas, se mueven con gracia y con cuidado con un porte casi real. Me impactó como el equipo de la NBA del reino zoológico, con los movimientos de una bailarina, así como de un jugador de básquet.

Observé a las jirafas pasear por la llanura como un flotador en un desfile del Día de Acción de Gracias, y recién fue cuando se detuvieron para tener un almuerzo al aire libre cuando me enseñaron su formidable lección. A pesar de sus largos cuellos, que les permiten la posibilidad de bajar la cabeza casi hasta el nivel del suelo, ellas no bajaron sus cabezas, sino que siempre comían de la cima de los árboles. Yo estaba fascinado. Nunca había pensado en cómo comen las jirafas, suponiendo que pacían como otros animales. Pero verlas estirarse y mascar bocados de platos de hojas verdes, fue impactante por su estilo propio y único, en el aire. Claramente no pastan del suelo como muchas otras criaturas que rodean sus tobillos. Les gusta la cima de los árboles.

Y fue entonces cuando me di cuenta de lo que había hecho mal en la situación con mi foro. El pequeño rebaño de magníficos mamíferos—su grupo a menudo recibe el nombre bastante apropiado de "torre"—podía ser utilizado como una pizarra para enseñarme su verdad. Como la jirafa, yo había aspirado a nuevas alturas, pero no pude mantener mi mirada al nivel de los ojos por causa de la algarabía que había alrededor de mis pies. ¡Me había alejado de una oportunidad de veinte pies por haber escuchado la charla de pensadores de dos pies!

¡No me di cuenta de que una vez que usted alcanza un cierto nivel, no puede ser ofendido por otras especies que continúan mirando hacia arriba desde el suelo! Una vez que se llega a una cierta estatura, usted no puede encontrar alimento en lugares bajos. Que las tortugas habiten a sus pies no significa que usted deba descender de su altura y permutarse con ella, debatir o comer con ella. Cuando usted se levanta, debe ajustar su fuente de alimento y afirmarse en consecuencia. Sí, como los dinosaurios, hay veces en que usted debe adaptarse y doblar el cuello para comer—¡pero solo si no hay alimento en la cima!

Cuando su influencia e intelecto evolucionan, usted no puede avanzar sin tener detrás alguien que critique cada movimiento. En vez de comer una gran comida gourmet del lodo que están arrojando, aprendí a desarrollar los hábitos alimenticios de mi línea de visión. Aprendí a tener siempre una mesa en el piso más alto del pensamiento y a usar un barómetro acorde con mi propia visión y metas para medir mis esfuerzos.

Alimentarse desde el frente

Qué apropiado que este gigante animal coma de la cima de los árboles, ya que eso es lo que ve. Sin embargo, la vista de sus amigos tortuga está demasiado abajo para tener un diálogo significativo con los que están veinte pies por encima de ellos. Cada vez que usted choque con gente cuyas líneas visuales están limitadas por la visión que tienen del mundo, es un ejercicio inútil esperar que vean lo que usted ve.

Y si ellos no lo pueden ver, ciertamente no pueden participar de la sabiduría que su altura le permite tener. ¡Si usted está sentado en la azotea de un restaurante, no puede mantener una conversación con alguien sentado en un café que está en la acera! Mi estatus se había movido, pero mi apetito de aceptación seguía estando abajo, en el nivel de las tortugas. Este incidente resultó en que perdí un momento cima de árboles.

Y sé que no soy el único. Ha sido increíble notar cómo muchas personas piensan como jirafas, pero comen como tortugas. Cuando era un joven predicador de veintitantos años, me encontré con un hombre mayor de mi iglesia que me preguntó lo que yo pensaba que debía hacer sobre su doloroso matrimonio. La verdad sea dicha, las complicaciones de su relación con su esposa estaban mucho más allá de mi experiencia de ese tiempo. Así que después de escucharlo describir sus problemas con la comunicación, la confianza y los celos, me apresuré a responder: "Divórciese de ella".

Ahora, antes de juzgarme por mi error, por favor dése cuenta de que mi joven mente no tenía experiencia con las dificultades inherentes a mantener a flote una familia. Mis hijos eran pequeños, mi esposa era joven, y mi experiencia pastoral en el asesoramiento era limitada. No hace falta decir, el hombre que buscó mi consejo lo halló terriblemente adolescente. Fue educado, pero pude ver la decepción en sus ojos.

No importa lo mucho que me preocupara por él y quisiera ayudarlo, a veces el amor no es suficiente para cubrir la brecha entre lo hipotético y lo holístico, lo evolucionario y lo revolucionario. Vivíamos en dos mundos diferentes, éramos planetas en órbitas diferentes, y mi consejo estuvo limitado por el espacio que había entre nosotros. Él vino a mí buscando sabiduría, pero yo no pude llegar al punto desde el cual él estaba preguntando. Como se puede ver, en este caso yo era la tortuga y él era la jirafa. Mis limitadas perspectivas informaban mi visión del mundo. Yo no tenía vivido lo suficiente como para darle una visión equilibrada de lo que debía hacer.

La mayor parte de nuestras opiniones se basa en la perspectiva. Aunque usted debe respetar el derecho de todos a ofrecer una opinión, no se puede caminar en la sabiduría de alguien que nunca ha vivido en su nivel. En resumen, una tortuga y una jirafa pueden ocupar el mismo espacio, ¡pero nunca tendrán la misma visión! Usted no puede arruinar su cuello para pastar hierba, y ella no puede tocar las cimas de los árboles. Tenga en claro lo que son sus quejas y consejos. Ella solo está actuando de acuerdo a su perspectiva.

Cualquiera que haya vivido mucho se estremece hoy de las ideas que tenía hace veinte años. Las perspectivas maduran y las ideas cambian con el tiempo y las experiencias le permiten encontrar que lo que usted pensó en la hierba parece ridículo en los árboles. Es por eso que es imprudente gritar desde la azotea—o desde el ordenador portátil—mensajes que usted no creerá mañana.

Es de notar que las jirafas no nacen con mucho cuello. Si así fuera, ¡su nacimiento sería como tratar de empujar una bazuca por el ojo de la cerradura! Dios, en su infinita sabiduría, desarrolla el cuello de la jirafa una vez que está fuera del vientre. Del mismo modo, nuestros cuellos crecen con el tiempo y extienden nuestros puntos de vista con experiencias y oportunidades que alteran para siempre nuestras perspectivas. ¡El mismo argumento que vimos desde el suelo se ve muy diferente desde el aire!

También descubrí que las jirafas generalmente no viajan en manadas. Se reúnen en grupos de tiempo en tiempo, pero en general sus habilidades de supervivencia no dependen de sus compañeras. Ahora, la mayoría de la gente disfruta cuando el consenso público se alinea con sus decisiones. Pero no debemos obstaculizar nuestro progreso al requerir la aprobación de otros para decisiones que solo nosotros debemos tomar.

Este principio es superior a la socialización y sobresale en lo que usted lee y necesita para la estimulación intelectual. Debido a que somos tan impresionables como especie, usted pronto asume los atributos del grupo con el cual galopa, y eso influirá en el resultado y el destino. No estoy seguro de por qué las jirafas no tienen el instinto gregario que vemos en tantas otras especies, pero agradezco el recordatorio. Cuanto más ocupados vamos estando en vida, más debemos asegurarnos de la calidad—no la cantidad—de nuestras relaciones que cuentan. Las demandas que enfrentamos no permiten la socialización casual, carente de sentido.

Lucha o vuelo

Con mi nueva comprensión, hice una nota mental para seguir estudiando más de cerca las jirafas para hallar otras pistas que sostuvieran mi estatura y afirmaran mi proceso de supervivencia en nuevos ámbitos. Tenían mucho que enseñarme. Me enteré de que una jirafa macho usa su cuello como un arma. Me enteré de que cuando llega la temporada de apareamiento, el macho compite por la hembra luchando otros contendientes con la pura fuerza y tamaño de su cuello. Él lo maneja como si fuera una espada, a menudo desmantelando las aspiraciones de su oponente con la pura fuerza de su crin musculosa. Esta es la manera natural de mantener solo los más fuertes en las futuras generaciones de jirafas.

Como ve, la altura siempre significa apalancamiento.

La altura de sus conexiones, la altura de su influencia, la altura de sus ideas y creatividad, todos ellos convergen para elevarlo a un espacio aéreo donde otros no pueden competir. Así que a medida que usted escala en estatus, entienda que su capacidad de ascender es un arma en sí misma. Su altura sigue siendo una ventaja hasta que usted se salga de su clase y empiece a luchar con una tortuga.

Ahora sé que eso puede ser tentador, sobre todo porque se puede suponer que usted es más poderoso y talentoso que sus oponentes—y tal vez lo sea. Pero cuando usted se inclina al nivel del suelo para combatir a sus denigradores, ¡podría perder su influencia y aterrizar sobre su espalda! Los líderes que han alcanzado una nueva altura no deben agacharse para probar un punto o evitar un asalto. Ellos saben que aunque gane, eso no se compara con lo que se pierde cuando pelea por debajo de usted mismo.

La jirafa rara vez se inclina. Incluso cuando bebe, lo cual es infrecuente, retiene el agua por largos períodos de tiempo. Tan plenamente equipado como un nuevo Mercedes 500 SEL, el cuello de una jirafa contiene un sistema vascular de alta complejidad que le impide perder el conocimiento cuando baja la cabeza en el radio del agua que bebe. Puede doblarlo y beber, pero no está diseñado para pasar largos períodos con la cabeza hacia abajo. En consecuencia, rara vez bebe, y al igual que su primo el camello, retiene durante largos períodos lo que bebe.

Los líderes instintivos y los pensadores innovadores entienden que "mantener su cabeza en alto" puede significar algo más que mantenerse animados. Podría ser una seria advertencia en contra de consentir la táctica del terrorista que busca su desaparición. ¡Lo que otros están diciendo a menudo no es tan peligroso como podría ser hasta que usted baje la cabeza para responder! Mantenga su actual nivel de visión, y no se incline a las pequeñas políticas que se filtran por debajo. Sería trágico para usted perder su equilibrio y caer desde su altura respondiendo a los provocadores que solo envidian su posición.

Si los que siguen su liderazgo ven que su cabeza cae por bastante tiempo, pueden llegar a cuestionarse su fortaleza como líder. Claro, al principio ellos pueden animarlo a entrar en una lucha, pero con el tiempo se dan cuenta de que sus energías se desperdician en preocupaciones del nivel del suelo mientras que la agenda mayor flota por encima de usted. Ellos pierden la confianza en usted.

La altura a la que su talento puede llevarlo puede significar dejar la vegetación inferior a la gente cuyas bocas y ojos están alineados con el terreno que está por debajo de usted.

Alimente lo que lo alimenta

Allí, de pie junto al jeep en Sudáfrica, mantuve mi mirada concentrada en mi nueva fascinación, consciente de lo que estaba a punto de descubrir: las jirafas eran mucho más complicadas de lo que parecían. Pero recién cuando mi guía, un zoólogo, comenzó a hablarme de ellas, me di cuenta de lo mucho que no sabía.

Por ejemplo, nadie puede negar la majestuosa belleza de la jirafa con sus diferentes tonalidades de marrón, un divino mosaico de chocolates y caramelos pintados por Dios mismo. Pero por muy hermosa que pueda ser la vista externa, es en el diagrama logístico de su construcción interna donde la mente tambalea de admiración.

Su hermosa piel curvilínea es una obra de arte cuando ella se mueve. Debajo de su artístico exterior hay una rica y bien pensada obra maestra biológica. La jirafa tiene en su pecho el corazón más grande de su especie, una bomba muscular de veinticinco libras (aprox. 11,300 kg) capaz de enviar sangre todo a lo largo de su enorme cuello, hasta su cabeza y cerebro.

De alguna manera, la jirafa, al alimentarse de la cima de los árboles, nutre este corazón extraordinario. Dicho de un modo simple, el sistema circulatorio forma un círculo por que el cual el cuerpo se alimenta a sí mismo.

Usted debe acordarse siempre de alimentar lo que lo está alimentando a usted; este ciclo de alimentación es la fuente de nuestra propia supervivencia. Si se trata de un matrimonio, tiene que alimentarlo. Si se trata de un negocio, usted debe volver a verter recursos en él. Si se trata de una iglesia, un club, una amistad, una institución educacional—lo que sea que lo estimula, le da que energía y lo ayuda a ser lo mejor de sí—usted a su vez debe alimentarlo.

El corazón del coche es el motor. ¡No importa cómo

brillen las ruedas o cuán sofisticada sea la tecnología informática que opera sus sistemas! Si no hay motor, nada de eso sirve. El corazón de la empresa son los recursos humanos. Ese es el departamento que contrata y financia al personal adecuado para alimentar la visión del CEO. Si usted no desarrolla sus recursos humanos, la compañía terminará por ir al paro cardíaco. Usted aprenderá de la manera difícil que la gente talentosa y comprometida es realmente el mayor de sus recursos.

El corazón de la iglesia es el evangelio. Si el edificio está lleno de vidrios de colores, buena música, y servicios sociales, pero pierde su mensaje central de la salvación, puede que sea una gran organización, pero sin duda no es una iglesia. Para que el cerebro sea sostenido, el corazón debe producir un constante flujo de sangre. Los dos deben trabajar juntos para mover el cuerpo en sincronía, o usted nunca llegará a las alturas para las que fue creado. Así que pregúntese a sí mismo: ¿qué alimenta su sueño?

Cabezas y corazones

En el corazón de nuestros instintos, descubrimos nuestro principal propósito. Nuestro propósito provee el mensaje o misión por el cual vivimos el resto de la vida por nuestros dones y talentos. Nuestra instintiva misión en la vida no puede carecer de propósito y de poder. En el desarrollo de la película, el núcleo de la película es el guión. Si el libreto no alimenta al actor con las líneas que necesita para desarrollar un personaje convincente, hasta el mejor actor es impotente para hacerlo atractivo.

¿Alguna vez ha visto a alguien tener un ataque al corazón? Sus ojos se vuelven oscuros, su pulso se detiene, su boca se seca y sus pupilas se dilatan. ¿Por qué tales reacciones en la cabeza cuando es el corazón el que está funcionando mal? Obviamente, la cabeza junto con el resto del cuerpo manifiesta los efectos del paro del corazón. Es a partir del corazón que la cabeza y el cuerpo tienen vida.

La jirafa tiene una lengua como ningún otro animal. Puede alcanzar las ramas y arrancar los frutos y su piel cubierta de cuernos es lo suficientemente fuerte para barrer cualquier obstáculo de su camino. Sin embargo, ninguno de sus atributos y fortalezas importa si el corazón no energiza su actividad. Sí, el corazón debe funcionar correctamente para sostener el cuerpo.

Cuando enseño cursos de liderazgo, comparo la relación entre los líderes y los que conducen a un viajero a través del desierto en un camello con solo una cantimplora de agua. Si el camello bebe toda el agua, él sobrevive y el pasajero muere. Pero si el pasajero bebe toda el agua y el camello muere, ¡el pasajero muere de insolación!

La vida a veces nos presenta maestros extraños, pero sus enseñanzas suelen ser las más memorables. Esta ha sido sin duda mi experiencia con el avistamiento de un grupo de jirafas en la sabana africana. De inmediato desencadenaron una revelación que me permitió darme cuenta de por qué había dejado que mis críticos más ruidosos desmotivaran mi incipiente esfuerzos periodísticos.

Pero lo más importante, la jirafa me inspiró a querer llegar más alto, extender mis capacidades más allá, y gustar de nuevas cimas de árboles. ¡Si usted quiere vivir por instinto, alimente su corazón y estírese hacia la cima de los árboles!

CAPÍTULO 21

✦

Todo eso está dentro de usted

Todavía puedo recordar a mi amigo el zoólogo compartirme cómo incluso el ángulo de los dientes de ciertos animales estaba diseñado para roer las ramas como una forma de poda para que tanto la cadena alimentaria como el ciclo de la vida no se rompan. Me dije a mí mismo: "¡Mira cómo Dios ha hecho coincidir todas las necesidades de manera que el hambre del animal sirve como una herramienta de jardinería para las ramas que le dan su alimento!". La implacable dependencia del instinto no solamente provee lo que necesitamos, sino que también se convierte en el vehículo por el cual todo lo que nos rodea es afectado y sostenido.

Al concluir, espero que su confianza sea mayor, su objetivo más nítido y su conciencia de sus habilidades innatas esté más finamente pulida. Al sumergirse más plenamente en el manantial de sus instintos, usted tendrá un creciente impacto sobre el objetivo que tiene delante. Sea que apunte a un cambio de carrera o simplemente espere criar a un niño, creo que las respuestas que frecuentemente buscamos en quienes nos rodean en realidad están enterradas en algún lugar dentro de nosotros.

"Como tus días serán tus fuerzas", literalmente significa que, en proporción a la demanda, surgen los recursos para satisfacer la necesidad. ¡Usted tiene lo que necesita cuando lo necesita! Tal vez no siempre es exactamente cuando usted lo *quiera*, sino cuando lo *necesite*.

Primario pero no primitivo

Una vez más, quiero estar seguro de que entiende que estos conceptos no están destinados a darle una fórmula o plantilla para el éxito, sino a despertar lo que puede estar latente o subutilizado en su vida. A veces, el reconocimiento de los recursos ya disponibles para nosotros puede ser el más empoderador de todos los momentos. Somos más eficaces cuando sacamos de cada recurso dado por Dios, que nos fue dado para sobrevivir en este mundo. Ahora, con la armadura completa de todo lo que le ha sido dado a usted, es hora de cambiar la dinámica del juego.

Hemos tenido un emocionante viaje a través de conceptos y preceptos, junglas y conexiones, a medida que explorábamos los diversos matices del desarrollo de una vida más eficaz mediante el uso de nuestros instintos. Sin embargo, todo ello no significa nada si no reconocemos que la inversión de ideas solamente nos prepara para las oportunidades con que hemos sido agraciados en nuestras vidas individuales. Si usted cree como yo que hemos sido divinamente precableados para un propósito principal que va más allá de nosotros, entonces usted debe emocionarse igualmente al darse cuenta de que aprovechando sus instintos reconoce su propio propósito único en esta tierra.

Como ve, nuestros instintos no solo existen para mejorar nuestra experiencia aquí en la tierra; también proporcionan pruebas de un autor intelectual que está por encima de nosotros que puso en nuestro interior todo lo que necesitaríamos. Yo creo que lo que Dios nos ha dado es su regalo para nosotros. El modo como utilizamos lo que nos ha sido dado es nuestro regalo en retribución al suyo. Al derramar nueva luz sobre algo profundamente primordial pero no primitivo que está dentro de nosotros, lo he desafiado a considerar nuevos paradigmas y empoderarse para romper las limitaciones del miedo y la frustración que bloquean su liberación.

Gran parte de nuestra atención se ha invertido en el examen introspectivo de la gavilla de todo lo que está dentro de nosotros para afectar todo lo que nos rodea. Ahora claramente entendemos que el intelecto sin el instinto es como una cabeza sin un corazón. Cuando aceptamos todo lo que es intelectual y psicológico, sin incluir lo profundamente espiritual, las inclinaciones instintivas de nuestros corazones nos limitamos innecesariamente.

Recuerde, la Escritura nos dice que del *corazón* mana la vida, ¡no de la cabeza!

Usted tiene lo que se necesita

Reconozca la adecuación de lo que está dentro de usted para sobrevivir y tener éxito en medio de lo que enfrenta. Usted ya tiene lo que lo lleva a dominar los desafíos externos a medida que suelta sus recursos internos. Pero para lograr este despertar del instinto dentro de usted, es momento de actuar. Debe conectar las ideas a los ideales y la emoción a la acción. Debe hacer más con este libro algo más que guardarlo en un estante o archivarlo en su dispositivo de lectura electrónico.

No me malentienda. Me encanta poder compartir mis ideas con usted en estas páginas. La lectura es la gimnasia de la mente. Es el lugar en donde los pensamientos se ejercitan y las mentes son estiradas y desafiadas. Sin embargo, mediante la tranquila y profunda reflexión somos capaces de buscar en el corazón respuestas que la mente sola no contiene. La mente puede guiarlo a usted en qué hacer, pero el corazón afirma su pasión para hacerlo. Esto es lo que finalmente lo llevará al movimiento.

En algún lugar de sus pasiones yacen las claves de su propósito más profundo. Es mi esperanza que usted reconozca la inversión divina puesta en su interior y obtenga todos sus recursos para administrar este tesoro para el futuro que tiene por delante. En resumen, ¡usted tiene lo que se necesita! Todo lo que usted necesita está en su interior y puede accederlo instintivamente. La comprensión de esta verdad secreta confianza. Estoy convencido de que tiene mucho que ver con la superación de obstáculos y la liberación de su poder inherente, resiliente.

Es un momento emocionante en la historia tener el privilegio de ver la innovación saltar hacia adelante de manera rápida y a la tecnología crear tantos foros a través de los cuales poder transmitir nuestras ideas. Y sin embargo, mientras tenemos más maneras de intercambiar ideas como resultado de la influencia tecnológica, ninguno de los iPads, iPhones, Skypes, Google chats, e intercambios de Facebook puede crear los pensamientos que queremos intercambiar. Ellos solo están diseñados para mejorar la forma en que los transmitimos.

Absolutamente nada de lo que hemos creado reemplazará cómo hemos sido creados. Estos artefactos tecnológicos nos ayuden en la comunicación de ideas, pero ninguno de ellos crea las ideas que nos comunicamos. Los datos que ellos transfieren, comparten y computan son solo lo que programamos en ellos. Así, el más preciado recurso que tenemos hasta la fecha no está alrededor de nosotros, sino *dentro* de nosotros.

Las exigencias de los tiempos y el ritmo de la comunicación han aumentado en la medida en que podemos dialogar con otros de todo el mundo en tiempo real sin dejar físicamente el sofá de nuestra sala. Pero esta conectividad global no es lo que nos hace una gran sociedad.

Lo que nos hace grandes no son los vehículos de lo que hablamos, sino más bien lo que tenemos que decir a través de ellos.

Entonces, ¿cuál es el mensaje más verdadero, más profundo que usted quiere transmitir al mundo? Este es el momento en que tenemos que limpiar nuestras mentes de la confusión y permitir que nuestros instintos nos guíen en el proceso de razonamiento creativo. Si somos capaces de fortalecer lo que está dentro de nosotros, podemos cambiar lo que está a nuestro alrededor. Estoy muy emocionado de saber que estamos a tan corta distancia de una cura para el VIH-SIDA. Estoy muy emocionado de que estemos ganando terreno en enfermedades temibles como el cáncer, enfermedades cardíacas, el mal de Alzheimer y el autismo. Incluso en este mismo momento, las soluciones a la pobreza mundial y al calentamiento global están bloqueadas en la mente de alguien y a punto de ser desatadas por sus instintos. Quien tenga la clave para cambiar el mundo no puede ser alguien que corre con la manada y encaja con el rebaño. Nuestro mundo siempre ha avanzado a través de pioneros que rompieron fronteras y destrozaron limitaciones.

Ahora debo confesar, no es probable que ninguna de estas tareas sea susceptible de ser vencida por alguien como yo. Pero eso está bien. Estaré encantado de hacer frente a los retos a mi opinión, incluso si no ganan notoriedad en el mundo de la medicina, ni instigan la paz mundial. Si mis instintos no me llevan a un mundo más perfecto, y solo tienen éxito en concederme un hogar más tranquilo, seguiré estando satisfecho.

Si mis instintos pueden ayudarme en mis asuntos y pueden ser utilizados para resolver el nivel de problemas que mi vida desarrolla, estaré contento. Al final del día, me doy cuenta de que no todas las grandes personas serán famosas. Y no toda la gente famosa será grande. El instinto nunca tuvo la intención de asegurar que nos reconozcan. El instinto puede permanecer de incógnito, pero siempre inspira e inicia su éxito. Nos impulsa hacia adelante—y no todos nosotros necesitamos viajar a la misma velocidad. Como hemos visto, uno de los dones de nuestro instinto es reconocer el tiempo y el ritmo de nuestra etapa actual. Mientras nos estemos moviendo hacia adelante, llegaremos a nuestro destino.

Es muy reconfortante recordar que estamos equipados con lo que hay dentro de nosotros para responder a las demandas de lo que nos rodea en un momento dado. Quizás no se sienta que estemos en sintonía con esas presiones que nos rodean, pero estoy convencido de que a menudo es porque no estamos siguiendo nuestro tempo interior.

Prepárese, apunte, tire

A menudo pienso en esos hombres ricos que ejercitan sus reflejos deportivos disfrutando del reto de tirar al platillo. Vestidos con el atildado traje de caza a la moda, estos tiradores han engrasado sus armas y embalado una mochila, y luego entraron en la maleza para practicar su objetivo. Su competencia es feroz, ya sea entre sí o versus sus propias habilidades, cuando toman sus escopetas cargadas y las mueven a una posición de liberación anticipada. Obviamente confiado en que su arma está cargada y el barril limpio, cada tirador descansa con cautela la culata de su arma contra su hombro, proveyéndole no solo estabilidad sino también la flexibilidad necesaria para evitar todo el peso del retroceso. Entonces, y solo entonces, gritan "¡Tire!".

Más rápido que un rayo que destella a través del cielo, el operador designado acciona el dispositivo automático de propulsión del pequeño disco de arcilla, o plato, al aire a cientos de pies sobre el tirador. El hombre armado alinea su visión, utilizando su conocimiento de la trayectoria esperable del disco, los reflejos físicos de su brazo y, lo más importante, su dedo en el gatillo para disparar un tiro en el objetivo inanimado. Si tiene éxito, un chorro de fragmentos de arcilla cae pronto al suelo alrededor de sus pies.

Aunque nunca lo he hecho yo mismo, he observado el deporte lo suficiente como para saber que el tirador solo tiene unos breves segundos para alinear lo que tiene en el suelo con lo que se catapultó al aire. Aunque solo disparé fotos de las hermosas criaturas que encontramos en safari, sabemos la importancia de un agudo sentido del tiempo. El tiro correcto disparado en el momento equivocado es tan impotente como un mal tiro.

Esta misma sensibilidad al tiempo ha guiado mi vida.

Eso está reflejado en la famosa frase de la Oración del Señor: "Dame hoy mi pan de cada día". En otras palabras, Señor, por favor, ¡no esperes hasta mañana para darme lo que necesito hoy!

Del mismo modo, a nosotros se nos recuerda que debemos usar lo que ya ha sido dado este día, los recursos puestos dentro de nosotros que nos pueden proporcionar sustento para el viaje de la vida. Déjeme ser hallado poseyendo lo que necesito al ritmo de los desafíos que enfrento. Debemos confiar en nuestros instintos para liberar las instrucciones que necesitamos según la etapa y edad en que nos encontremos.

Nada se cierne alrededor de usted que usted no pueda superar mediante el aprovechamiento de lo que ya sabe, así como de sus instintos, eso que usted sabe, pero no se da cuenta de que sabe. En este momento, hoy, incluso mientras usted lee estas palabras: este es el momento de alinear lo que ha aprendido con lo que está dentro de usted. Este es el momento de mirar adelante y reconsiderar los obstáculos que bloquean su línea visual de éxito en el futuro.

Por ahora, espero que haya reconsiderado su punto de vista de estas barreras. La mayoría de las obstrucciones son meramente oportunidades disfrazadas. Usted no necesita aherir a las condiciones de una jaula que ha dejado atrás. Especialmente cuándo van a hacerlo caer presa del mayor depredador dentro de las nuevas junglas que estamos enfrentando. Para sobrevivir así como para prosperar, usted debe activar sus instintos en sintonía con la vida que lleva.

Como el hombre armado que mueve su rifle en ritmo con su objetivo—o en mi caso, el fotógrafo de safari que persigue la foto de un poderoso elefante—, usted debe apretar sin perder el momento correcto. Usted ahora tiene fluidez de pensamiento para quebrar el ritmo con normalidad y apuntar al destino con una mayor conciencia de su precableado instintivo, un regalo imbuido en nosotros por el propio Dios.

Es mi oración que ninguno de nosotros permita donde empezamos determinar cómo terminaremos. Es mi esperanza que, en última instancia, reunamos la fortaleza y tenacidad para sumergirnos más allá de los límites de lo obvio y en las oportunidades que nuestra vida nos ofrece. En este breve brillante momento, usted y yo debemos activar todo lo que está en nuestro interior para iniciar el instintivo proceso y la planificación inherente al mayor propósito de Aquel que nos creó.

El diseño no es mayor que el diseñador, por lo que en última instancia reconocemos su obra en todo lo que ha puesto en nosotros. Habiendo comprendido cuán maravillosa y cuidadosamente fuimos traídos a la existencia, nuestra mejor y más instintiva respuesta es simplemente vivir de acuerdo con esta abundancia que nos ha sido dada. Es nuestra forma de decir que sí a lo que había en la mente de Dios cuando fuimos formados. Es nuestra manera de dejar que nuestro Creador sepa que estamos listos para la siguiente oportunidad.

Mientras usted se prepara para liberar todo el objetivo, la energía y el intelecto ahora cargado en sus instintos, solo hay queda una cosa que decir mientras usted aprieta el gatillo. "¡Tire!"

Notas de la traducción

Capítulo 16
EQUILIBRAR EL INTELECTO Y EL INSTINTO

1. Juego de palabras intraducible al español: Prepared—that is, *pre* (in advance [por adelantado]) *pared* (cut into the shape of the need [cortado con la forma de la necesidad])—.

Capítulo 18
MALABARISMO POR INSTINTO

1. A diferencia de las versiones en castellano, la Biblia en inglés King James Version dice: "A man's gift will make room for him, and brings him before great men" (Proverbios 18:16), que podría entenderse también como: "El don de un hombre hace lugar para él, y lo lleva delante de los grandes", interpretación que aquí aplica el autor.

Agradecimientos

Así como nuestros instintos proporcionan el ritmo de la melodía de nuestra vida, también nos ayudan a descubrir a otros que avanzan al mismo ritmo. La gente de la misma tribu de tempo como el mío me ha permitido ampliar y mejorar mi mensaje de la manera en que una orquesta transforma las notas de la página. Estoy agradecido a todos y cada uno de ellos por sus contribuciones, instintiva y de otra manera, a este libro.

Estoy encantado de comenzar una nueva asociación editorial con mis amigos de Hachette. Rolf Zettersten y su equipo de FaithWords abrazaron el mensaje de *Instinto* desde el principio y comparten una visión más grande de lo que cualquiera de nosotros podría haber imaginado solo. Gracias, Rolf, y todo el equipo de Hachette que trabajaron en este libro.

La visión editorial de Adrienne Ingrum también hizo que fuera un mejor libro. También aprecio la ayuda de Lauren Rohrig y Mark Steven Long.

Quisiera dar las gracias a la Dra. Jill Waggoner-Jones por su perspicacia médica en el fascinante mundo del desarrollo de las células en el cuerpo humano. Kelly R. Sedgwick y Regina Lewis ayudaron enormemente con su voluntad de investigar y proporcionar datos de apoyo para validar mis ideas.

Estoy en deuda con mi equipo de TDJ Enterprises, especialmente Zunoraine Holmes por sus muchas contribuciones y coordinaciones que han mantenido *Instinto* y todas sus piezas trabajando juntos en armonía. Usted siempre se mantiene al día con el ritmo, sin importar lo rápido o fuerte que se vuelva. ¡Gracias, Z!

Dudley Delffs proporcionó su sabiduría instintiva sobre la escritura y su experiencia editorial para el proceso de construcción de este libro. Compartimos el amor por el lenguaje, y estoy muy agradecido a su continuo compromiso para conmigo y mi mensaje.

No puedo decir cosas suficientemente buenas acerca de Jan Miller y Shannon Marven y su equipo de Dupree, Miller & Associates. ¡Ellos saben el valor de ser guiados por instintos, y estoy tan contento de que avancemos al mismo ritmo! Sus incansables esfuerzos en mi favor hablan más que las palabras sobre su apasionada inversión en todos mis esfuerzos, y estoy siempre en deuda con ellos.

Nadie puede ser dirigido por sus instintos sin el aliento, apoyo y la influencia de su familia. Mis hijos me han enseñado más de lo que se dan cuenta de lo que significa descubrir la singularidad dentro de cada uno de nosotros. Gracias Jermaine, Jamar, Cora, Sarah y Dexter por el privilegio de verlos seguir exitosamente sus propios instintos en la edad adulta. Mi maravillosa esposa Serita es una mujer que vive de su instintiva capacidad para llevar gracia, belleza y paz dondequiera que va. Ella siempre me ha animado a seguir mis instintos, y he aprendido mucho por ser testigo de la forma en que sus instintos operan. ¡Mi amor y agradecimiento a todos ustedes!

Acerca del autor

T. D. Jakes, CEO de TDJ Enterprises

T. D. Jakes es un maestro comunicador, filántropo y líder de negocios multidimensional. Como CEO de TDJ Enterprises, tiene más de 30 libros en prensa; hasta la fecha sus películas han recaudado casi 100 millones de dólares en la taquilla; y desde la plataforma de orador internacional ha galvanizado a multitudes de 800.000 personas. Como líder de pensamiento él ha dirigido espectáculos desde el Instituto Aspen al SMU al Foro CEO Peter Drucker. Como director general y fundador de la Escuela de Liderazgo T. D. Jakes, proporciona herramientas de desarrollo profesional a líderes empresariales.

Es el fundador y pastor de The Potter's House of Dallas, Inc. Los domingos es el pastor de más de 30,000 personas, con millones de seguidores de todo el mundo en línea, a través de Facebook, Twitter e Instagram. Vive en Dallas con su esposa y sus cinco hijos. Visite www.tdjakes .com.